新編 生命の實相 第48巻

聖典講義篇

山上の垂訓の示す真理

谷口雅春

Masaharu Taniguchi

光明思想社

編者はしがき

本篇「聖典講義篇　山上の垂訓の示す真理」は、新約聖書「マタイ伝」と「ルカ伝」に収められているイエス・キリストの言葉で最も有名な「山上の垂訓」について解釈された一書である。

本全集『生命の實相』には、本篇第四十八巻とともに「『生長の家』より観たる『創世記』」（第十九巻「万教帰一篇　真理の扉を開く（上）」）の二著がキリスト教についてのまとまった解釈書として収録されている。

谷口雅春先生の教えの大きな特徴は「万教帰一」である。「万教帰一」とは各宗教は違いを超えて仲良くしようといった安易で表面的な気休めの提唱ではない。すべての宗教は、それが本物の宗教である限り根本の真理は同一であり、人間はみな神性・仏性を持っている「神の子」「仏の子」だということである。だから人間は既に救われており、それを自覚しさえすれば自ずと幸福が訪れると説く。それなのになぜ人間は不幸や病気や死で苦しむのかと思うかもしれない。しかし、それらは神が造り給うたのではない。だから本来は存在せず、人間の心が勝手に造り上げた妄想である。それを妄想であると自覚さえすれば、その妄想は自ずと消え去ってしまうのである。だから、谷口雅春先生の教えを受けた人々に無数の奇蹟的体験が生まれたのである。

谷口雅春先生はこの根本真理の把握によって聖書や仏典を読み解いていかれ、そして聖書も仏典も同じ真理を説いていることを明らかにされる。谷口雅春先生にはキリスト教関係では旧約聖書の「創世記」、新約聖書では本篇「山上の垂訓」そして『ヨハネ傳講義』といった著作があり、仏教では『無門關解釋』『維摩經解釋』『碧巖錄解釋』等のまとまった解釈本がある。そして本全集の到るところでキリストの説かれた教えと釈尊の説かれた教えが同じ真理を指し示していることを説かれている。
しかも、その真理はキリスト教・仏教にとどまらない。大本教の教祖・出口なお
天理教の教祖・中山みき、黒住教の教祖・黒住宗忠などの教えにも及び、それぞれの
お筆先や教えについての解釈もなされ、それらの教えが見事に一致して一つの真理を
説いていることを明かされていく。
谷口雅春先生は青年時代の苦しい求道時代を経て、遂に神の啓示を得て真理に到達
された。その真理こそが、人間は「神の子」であり、この世界は「神の創造された実
相世界のみの世界」であり、すべての宗教は一つの真理を指し示す「万教帰一」と説
かれる。本篇の「山上の垂訓」の解釈もまたその一直線上にある。
さて、本篇「山上の垂訓の示す真理」についてであるが、「山上の垂訓」は新約聖書
「マルコ伝」と「ルカ伝」で述べられており、山上でイエス・キリストが弟子達に語
った有名な教えである。谷口雅春先生は本書で次のように語られている。
「これは『山上の垂訓』といって、有名なところでありまして、イエスがヨハネに洗

礼を受けてから、ヨルダン河の畔《ほとり》で四十日四十夜断食《だんじき》をして、坐っておられましたが、いよいよ霊覚を得て悟《さとり》を開かれた、その悟《さとり》の心境をば初めてここで説教された最も重要なところであります」（一一頁）

そして「山上の垂訓」中にあるイエス・キリストの言葉を順次解釈されていく。たとえば「幸福《さいわい》なるかな、心の貧しきもの。天国はその人のものなり」の意味の解釈を次のように説かれる。

「この『心の貧しき者』というのはどういう意味であるかと申しますと『心の高慢でないもの』という意味であります。高慢であるということが最も神に近附《ちかづ》く邪魔になるのであります。高慢でないことを『生長の家』では『心が貧しい』という言葉を使うのであります。高慢である人は心の水圧が高いのでありますから、いくら真理の水の流れを供給して差上《さしあ》げてもその人の方へは流れて行かないのであります。（中略）『偽存在《にせもの》の自分』に満足して、それで充ち足りたつもりでいる、これが『心の貧しくない』人、心のたかぶっている人のことであります」（一一～一二頁）

また、「人もし汝《なんじ》の右の頬《ほほ》をうたば、左をも向けよ」の有名な言葉についても谷口雅春先生は次のように言及されている。

「一度実相の世界に直参《じきさん》して、それから現象世界へ吾々《われわれ》の生活を投影して来ますと、因縁、因果に縛《しば》られない、自由自在の生活を送ることが出来るようになるのでありま す。この自由自在の生活に入った時に、はじめて我々は、キリストがここにいっているように、『人もし汝の右の頬《ほほ》を打たば、左をも向けよ。汝を訟《うった》えて下衣《したぎ》を取らんとする者には上衣《うわぎ》をも取らせよ。人もし汝に一里行く事を強《し》いなば、共に二里行け。汝に請《こ》う者に与え、借《か》らんとする者を拒むな。』こういうふうな、自由自在な生活が現れて来るのであります。ここにもし人があって、自分の右の頬《ほほ》を打ったならば、どんな時にも常にイエスの教え通りに是非とも左の頬《ほほ》をも廻《めぐ》らして、それに向けなければならぬかというと、必ずしもこの通りに実際にやらなければならないことはないのであります。すべて、杓子定規《しゃくしじょうぎ》に、心の自由を忘れて形の上で凝《こ》り固まってしまいますと人間は自由自在を失うのであります。自由自在を失えば実相から遠ざかるのです。

イエス自身も、形の上で無抵抗を常にはやってはいなかったのでありまして……」（一三二～一三三頁）

そして、イエス・キリストが「神は善人にも悪人にも神の愛が一様に照り輝いている」と述べている部分に対して、谷口雅春先生は「流石《さすが》に神の実相を知っていられたわけでありなす」とイエス・キリストを讃《たた》えておられるのである。

本篇によって、イエス・キリストの真の教えを体得せられれば幸いである。

令和三年九月吉日

谷口雅春著作編纂委員会

聖典講義篇

山上の垂訓の示す真理

目次

凡例

一、本全集は、昭和四十五年～昭和四十八年にわたって刊行された愛蔵版『生命の實相』全二十巻を底本とした。本書第四十八巻は、愛蔵版第十五巻『聖典講義篇』を底本とした。

一、本文中、底本である愛蔵版とその他の各種各版の間で異同がある箇所は、頭注版、初版革表紙版、黒布表紙版等を参照しながら確定稿を定めた。

一、底本は正漢字・歴史的仮名遣いであるが、本全集は、一部例外を除き、常用漢字・現代仮名遣いに改めた。

一、現在、代名詞、接続詞、助詞等で使用する場合、ほとんど用いられない漢字は平仮名に改めた。

一、本文中、誤植の疑いがある箇所は、頭注版、初版革表紙版、黒布表紙版等各種各版を参照しながら適宜改めた。

一、本文中、語句の意味や内容に関して註釈が必要と思われる箇所は、頭注版を参照しつつ脚註として註を加えた。但し、底本の本文中に括弧で註がある場合は、例外を除き、その箇所のままとした。

一、聖書、仏典等の引用に関しては、明らかに原典と異なる箇所以外は底本のままとした。

一、頭注版『生命の實相』全四十巻が広く流布している現状に鑑み、本書の章見出し、小見出しの下の脚註部分に頭注版の同箇所の巻数・頁数を表示し、読者の便宜を図った。

一、本文と引用文との行間は、読み易さを考慮して通常よりも広くした。

一、本文中に出てくる書籍名、雑誌名はすべて二重カギに統一した。

聖典講義篇

山上の垂訓の示す真理

山上《さんじょう》の垂訓《すいくん》の示す真理《しんり》

生長《せいちょう》の家《いえ》はキリスト教《きょう》を真解《しんかい》する

「生長の家」は別《べつ》に一宗《しゅう》一派《ぱ》の宗教《しゅうきょう》ではありませんので、総《すべ》ての宗教に生《せい》命《めい》を与えるという意味《いみ》に於《おい》て、仏典《ぶってん》も講義《こうぎ》すれば日本《にっぽん》の古典《こてん》も講義する、或《あるい》

頭注版㉚一三七頁

山上の垂訓　『新約聖書』「マタイ伝」第五章～七章にあるキリストの教え。ガリラヤ湖畔の山上で説いた

キリスト教　ユダヤ教を母体としてパレスチナに興る。世界三大宗教の一つ。唯一絶対の神を奉じ、現在に至るまで欧米文化の基盤をなしている。イエス・キリストが始祖

真解　真実を理解すること。真理を悟ること

「生長の家」は…　昭和十年十一月三十日に赤坂の本部講堂で一回目の「山上の垂訓」の講義が行われた。筆記録は『生長の家』誌昭和十一年四月号に掲載され、後に『生命の實相』全集「聖典講義篇」として収録された

はバイブルも講義《こうぎ》するというふうなことになっておりまして、先日《せんじつ》開《ひら》かれました指導者講習会《しどうしゃこうしゅうかい》に於《おい》てもその三種類《しゅるい》を講義したのであります。

それでは、何《なに》も「生長《せいちょう》の家《いえ》」なんて出て来なくとも好《い》いじゃないか、出て来るためには何《なに》か在来《ざいらい》のものと異《ちが》ったところがなければならぬという人《ひと》があります。そういわれれば成《な》る程異《ほどちが》ったところがあります。それは在来の宗教《しゅうきょう》は皆《みな》一宗《しゅう》一派《ぱ》というものを建《た》てていて、互《たがい》にお前《まえ》の宗教とわしの宗教とは異《ちが》うといって合流《ごうりゅう》しないのでありますが、「生長の家」は全《すべ》ての宗教に対《たい》して「わしとお前とは異《ちが》う」といわないで、「わしとお前とは同じだ、宗祖《しゅうそ》に帰り神髄《しんずい》に帰れば同じだ」と説《と》く点《てん》と、宗教というものを寺院《じいん》や教《きょう》会《かい》、堂塔伽藍《どうとうがらん》の中《なか》にあらしめないで生活《せいかつ》の上《うえ》に生命《せいめい》を与える点と、この二《ふた》つの点が違《ちが》うのであります。総《すべ》ての古来《こらい》の尊《とうと》い経典《きょうてん》は悉《ことごと》く無論《むろん》「生命《せいめい》」が盛《も》られているのでありますけれども、読む人に霊感《れいかん》がなく、その生命《せいめい》を開《ひら》く鍵《かぎ》というものを持っていない、或《あるい》は持っていてもその鍵の取扱《とりあつか》い方《かた》がわから

仏典　仏教の経典
日本の古典　本全集では主に『古事記』や『日本書紀』「祝詞(のりと)」などを指す
バイブル　Bible　聖書
指導者講習会　昭和十年十一月に第一回指導者講習会が赤坂の生長の家本部で開催された。担当講師による各方面の講演の後、著者による『古事記』の講義が行われた
在来　これまであった
宗祖　宗教の一宗一派を開いた人。開祖
神髄　最も重要で奥深いことがら。真髄
堂塔伽藍　寺院の建物の総称
経典　仏の説いた教えを記した書物。仏典

ないというわけで、折角《せっかく》尊《とうと》い経典《きょうてん》がありながらも、その本当《ほんとう》の意味《いみ》がわからないためにそこから本当に尊い宝玉《ほうぎょく》を採取《さいしゅ》して来《く》ることが出来《でき》ないというふうになっているのであります。何宗《なにしゅう》によらず、例《たと》えばキリスト教《きょう》ならキリスト教の「聖書《バイブル》」を読んでも本当にそれに書かれているところの真理《しんり》の宝玉《ほうぎょく》というものを摑《つか》み出《だ》して来ることが出来たならば、それによって読む人の生命《せいめい》が生きて来なければならないはずであります。心が光明《こうみょう》に輝《かがや》き、運命《うんめい》が改善《かいぜん》し、病気《びょうき》のある人《ひと》なら病気が治《なお》らなければならない。ところが、今《いま》まで聖書《バイブル》を読んでも病気が治《なお》ったというふうなことはあまり聞かない。偶《たま》にはあったかも知れないけれども「生長《せいちょう》の家《いえ》」のようにそう無暗《むやみ》に病気が治《なお》るとか運命が好転《こうてん》するとかいうふうなことは出来なかったのであります。それは何故《なぜ》であるかというと、これは何《なに》もキリスト教の聖書《バイブル》がわるいというわけではない、読む人の方《ほう》がキリスト教の聖書《バイブル》の中《なか》にあるところの真理の宝《ほう》玉《ぎょく》を摑《つか》み出《だ》す術《すべ》を知らなかったためなのであります。

宝玉　宝とすべき貴重な玉。宝珠

「マタイ伝《でん》」の真解《しんかい》で乱視《らんし》が治《なお》る

こないだ誌友《しゆう》の宇佐美《うさみ》さんといわれる御婦人《ごふじん》がお知合《しりあい》の医学博士《いがくはくし》のお嬢《じょう》さんの所《ところ》へ行《い》って『生命《せいめい》の實相《じっそう》』の巻頭《かんとう》の「汝等《なんじら》天地《てんち》一切《いっさい》のものと和解《わかい》せよ」という和解の神示《しんじ》をお読みになって、そうして、そこは「マタイ伝」の第《だい》五章《しょう》と同じ意味のことが書いてあるでしょう、とこういわれた。それを聞いたお嬢さんが『生命《せいめい》の實相《じっそう》』の巻頭の神示《しんじ》を読んで、それから別室《べっしつ》に退《しりぞ》いて自《じ》分《ぶん》の部屋《へや》に坐《すわ》って聖書《せいしょ》の「マタイ伝」の第五章を披《ひら》いて読まれたのです。すると、今《いま》まで強度《きょうど》の乱視で眼鏡《めがね》をかけなければ物《もの》を見たくても書物《しょもつ》が読めなかったのに、どうしたものか妙《みょう》に眼鏡《めがね》がうるさくなって眼鏡《めがね》を外《はず》して読んだら却《かえ》ってよく読める、それきり乱視が治《なお》ってしまったという話をされました。それなどは聖書の「マタイ伝」の第五章で病気《びょうき》が治《なお》ったということに

頭注版㉚一三八頁

「マタイ伝」 『新約聖書』における四福音書の巻頭の書。イエスの系図・誕生・復活に至る生涯と、その教え、受難を記している

誌友 狭くは月刊誌『生長の家』の読者を指し、広くは「生長の家」信徒を指す

『生命の實相』 著者の主著。昭和七年一月黒革表紙版が発行されてより各種各版が発行され、現在までに二千万部近くが発行されている

和解の神示 昭和六年九月二十七日に著者に天降って後に「大調和の神示」と命名された神示。神示は著者が神から受けた啓示。発表当初は各神示に名称が付されず、「七つの燈台の点燈者の神示」と総称された

なるのであります。そのお嬢《じょう》さんはキリスト教《きょう》の方《かた》ですから前々《まえまえ》から「マタイ伝《でん》」を何回《なんかい》も読んでいられる。しかし、この「マタイ伝」第《だい》五章《しょう》を今《いま》まで何回も読まれても、今までは、それによって自分《じぶん》の強度《きょうど》の乱視《らんし》が治《なお》らなかったのです。それは今迄《いままで》の間違《まちが》った解釈《かいしゃく》でその「マタイ伝」第五章を読んでいるから、それだけでは本当《ほんとう》に自分の生命《せいめい》を生かすことが出来《でき》なかったのであります。ところが『生命《せいめい》の實相《じっそう》』の巻頭《かんとう》の神示《しんじ》を読んで、そうしてその『生命《せいめい》の實相《じっそう》』の光《ひかり》を通《とお》して聖書《せいしょ》を読み、『生命《せいめい》の實相《じっそう》』の響《ひびき》によって聖書に書いてあるところの本当の真理《しんり》を導《みちび》き出《だ》して見た時《とき》に、初めてこの「マタイ伝」第五章にある山上《さんじょう》の垂訓《すいくん》の本当の意味《いみ》が分《わか》り、生命《せいめい》の本当の輝《かがや》きが出されて来たのです。そしてその生命《せいめい》の本当の輝きの中《なか》には「乱視」は本来《ほんらい》無《な》いから、お嬢さんの乱視が消えてしまったのであります。

巻頭の神示　前頁の「和解の神示(大調和の神示)」を指す

子宮筋腫《しきゅうきんしゅ》の行方不明《ゆくえふめい》

一昨日《おととい》の晩《ばん》でしたか、私がここへまいりましたら一人《ひとり》の婦人《おんな》の方《かた》が来られました。その方《かた》は御主人《ごしゅじん》が大学《だいがく》へ通《かよ》っておられる、そうして奥様《おくさま》が職業《しょくぎょう》を有《も》ちながら、良人《おっと》の学資《がくし》を貢《みつ》いでおられるのです。ところがお腹《なか》に何《なに》か塊《かたまり》が出来《でき》てだんだん脹《ふく》れて来た。それで東京慈恵会医院《とうきょうじけいかいいいん》に行《い》って診《み》てもらったら、これは子宮筋腫であるといわれ、早速《さっそく》切らなければ命《いのち》が危《あぶな》い、こういわれた。ところで今入院切開《いまにゅういんせっかい》するというふうなことをやっていると自分《じぶん》は働《はたら》きが出来《でき》ないので、夫《おっと》に学資を貢《みつ》ぐわけに行《ゆ》かぬ、それで何《なん》とかこれはならないものか、他《ほか》の医者《いしゃ》に掛《かか》ったら又別《またべつ》な診断《しんだん》をしてくれやしないかと思って、大塚《おおつか》の辺《へん》にあるラジウム療院《りょういん》に行《ゆ》かれまして、診断をお受けになったら、「これはまあ急《きゅう》に死ぬというような病気《びょうき》でないから、まあゆっくり養《よう》

頭注版㉚一四〇頁

子宮筋腫　子宮筋層に発生する良性の腫瘍

東京慈恵会医院　東京都港区にある現在の東京慈恵会医科大学の付属病院。前身は明治十四年に高木兼寛が開設した成医会講習所。昭和二十七年に新制大学となった

ラジウム療院　東京理学療院院長の河野義が発明したラジウム温灸器を用いた民間療法の施設を指すと思われる

生《じょう》したらよろしかろう」というふうな診断《しんだん》であったそうです。それでは、そう急《きゅう》に悪くなるようなわけでもあるまいと、その奥様《おくさま》は働《はたら》きながら、養生《ようじょう》といっても別《べつ》に子宮筋腫《しきゅうきんしゅ》を治《なお》す薬《くすり》もなし、唯《ただ》まあ出来《でき》るだけ激動《げきどう》を与えない位《くらい》にして働《はたら》いておられたのでありますが、だんだんお腹《なか》が脹《ふく》れて来《き》まして、お風呂《ふろ》へなんか行《ゆ》くと妊娠《にんしん》しているように見える。それで「あんたお芽《め》出度《でた》でございますか」といわれると、羞《はず》かしいやら悲しいやらで頭《あたま》を下げて何《なん》ともいえぬ。病気《びょうき》であるといいたくなし、妊娠しているというわけにも行《ゆ》かないし、そんな時《とき》には返事《へんじ》に窮《きゅう》して、唯黙《ただだま》って俯《うつむ》いておったというふうなことをいわれました。ところが、或《あ》る日《ひ》のことその奥様《おくさま》が『主婦之友《しゅふのとも》』を、旧《ふる》い旧《ふる》い『主婦之友《しゅふのとも》』を、ふと引張《ひっぱ》り出《だ》して読んだところが、「生長の家《せいちょうのいえ》」の話が「奇蹟的精神療法《きせきてきせいしんりょうほう》の真相《しんそう》を探《さぐ》る」と題《だい》して治《なお》った人《ひと》の写真入《しゃしんい》りで出ていた。それを見ると、どうしても「生長の家」へ来たくなり、この二十三日に穏田《おんでん》の私宅《わたくしたく》へお出《い》でになった。私は不在中《ふざいちゅう》でしたが、取次《とりつぎ》の者《もの》が「こ

『主婦之友』 大正六年に石川武美が創刊した婦人家庭雑誌。昭和十年五月号に生長の家探訪記事「奇蹟的な精神療法の真相を探る」が掲載された。服部仁郎ほか多くの人々の治病体験記が大きな反響を呼んだ

隠田 著者が昭和九年に神戸より東京に移転して自宅を設けた地。現在の東京都渋谷区神宮前。当初は自宅が本部を兼ねており、誌友会が開催されていた

の本を持ってお帰りなさい」というので、一冊《さつ》五銭《せん》の小さなパンフレットを三冊貰《もら》って、それをお読みになったのだそうであります。それを読むと、なるほどこの教《おし》えこそ自分《じぶん》を救《すく》うものであるかも知れぬというふうな何《なん》となき期待《きたい》がして来《き》た。思えば、自分は今迄《いままで》、この本に書いてある病気《びょうき》を起《おこ》すに相応《ふさわ》しい心を持っていた。私の病気は、やはりこの心で起《おこ》っておったのじゃないかしら。或《あるい》は心で起《おこ》っておったのなら、今晩中《こんばんじゅう》に腹痛《ふくつう》でも起《おこ》って下痢《げり》でもしたら治《なお》ってしまうのではあるまいかと思いながら寝《ね》てしまわれたのだそうです。そしたら不思議《ふしぎ》なことに、夜半《よなか》にやはり思ったとおり腹痛がして下痢を起《おこ》した。そして、便所《べんじょ》へ行《ゆ》くと激《はげ》しく何《なん》だか下《くだ》してしまったそうです。そうすると翌日《よくじつ》になると今《いま》まで妊娠《にんしん》のように脹《ふく》れておったお腹《なか》が当《あた》り前《まえ》に引込《ひっこ》んでしまって、手で抑《おさ》えてみても塊《かたまり》がほとんどわからないようになってしまったということをいっておられましたが、そういうふうに真理《しんり》の言葉というものは小さなパンフレット二、三冊を、たった一晩《ひとばん》お読みになった

五銭　現在の約百〜百五十円に相当する。一銭は一円の百分の一

だけで、否《いな》、一晩《ひとばん》お読みになったのですから、三冊全部《さつぜんぶ》をお読みになったのではないのでありましょう、一冊かその半分位《はんぶんぐらい》お読みになったのでしょうけれども、そこにそれだけの力《ちから》が出て来たのであります。

そういうふうに『生命《せいめい》の實相《じっそう》』の光《ひかり》に照《てら》して聖書《せいしょ》を読むと大変《たいへん》色々《いろいろ》面白《おもしろ》く教《おし》えられることがありまして、キリストの教《おし》えもまた実《じつ》に立派《りっぱ》な教えであるということが解《わか》るのであります。この例《れい》の如《ごと》く「生長《せいちょう》の家《いえ》」は何《なに》もキリスト教《きょう》を排斥《はいせき》したりはしない。仏教《ぶっきょう》をもキリスト教をも神道《しんとう》をも生かす。「生長の家」の中《なか》に「生長《せいちょう》の家仏教連盟《いえぶっきょうれんめい》」「生長の家キリスト教連盟《きょうれんめい》」「生長の家神道各派連盟《しんとうかくはれんめい》」等《など》が出来《でき》かかっていましたが、戦争《せんそう》で中絶《ちゅうぜつ》したのであります。かつて大隈講堂《おおくまこうどう》で生長の家で観《み》たる仏教劇《ぶっきょうげき》「釈迦《しゃか》と維摩詰《ゆいまきつ》」を公演《こうえん》しましたから、今日《きょう》は片寄《かたよ》らないようにキリスト教の方《ほう》の話をすることにします。先刻《せんこく》話のあった「マタイ伝《でん》」の第《だい》五章《しょう》の話を致《いた》します。

仏教　紀元前五世紀頃、釈迦がインドで説いた教え

神道　日本民族固有の信仰。「かんながらの道」

大隈講堂　昭和二年に竣工した早稲田大学大隈記念講堂。平成十九年に重要文化財に指定された

「釈迦と維摩詰」『生命の藝術』誌に発表された著者の戯曲。『維摩経』の説く教えを描く。昭和十年十二月に早稲田大学大隈記念講堂で生長の家の信徒らにより上演された。昭和十一年刊『釈迦・維摩・耶蘇』、戦後の『生命の實相』「宗教戯曲篇」に収録

釈迦　紀元前四六三〜前三八三年頃。仏教の始祖。現在のネパールに位置したカピラバストゥ城で生まれた。釈迦族の王子だったが、二十九歳で出家。苦行の末三十五歳で悟りを開いた

山上《さんじょう》の垂訓《すいくん》「心の貧《まず》しき者《もの》」

◯イエス群衆《ぐんしゅう》を見て、山にのぼり、坐《ざ》し給《たま》えば、弟子達《でしたち》御許《みもと》にきたる。イエス口をひらき、教《おし》えて言いたまう、「幸福《さいわい》なるかな、心の貧しき者《もの》。天国《てんごく》はその人《ひと》のものなり。」（「マタイ伝」第五章一～三）

これは「山上の垂訓」といって、有名《ゆうめい》なところでありまして、イエスがヨハネに洗礼《せんれい》を受けてから、ヨルダン河《がわ》の畔《ほとり》で四十日《にち》四十夜断食《やだんじき》をして、坐《すわ》っておられましたが、いよいよ霊覚《れいかく》を得《え》て悟《さとり》を開《ひら》かれた、その悟《さとり》の心境《しんきょう》をば初めてここで説教《せっきょう》された最《もっと》も重要《じゅうよう》なところであります。「幸福《さいわい》なるかな、心の貧しきもの。天国はその人のものなり」とこうありますが、この「心の貧しき者」というのはどういう意味《いみ》であるかと申《もう》しますと

維摩詰　『維摩経』に登場する主人公。在家のまま菩薩の道を行じ、文殊菩薩と問答を交わした

頭注版㉚一四二頁

群衆　多くの人がむらがり集まること。また、むらがり集まった人々

御許　貴人のいる所を敬って言う語。おそば

ヨハネ　『新約聖書』に登場する預言者「洗礼のヨハネ」。イエス・キリストの出現を預言し、ヨルダン河畔でイエスに洗礼を授けた

畔　川・池・湖などの岸辺

霊覚　霊的なものを感受する能力

「心の高慢《こうまん》でないもの」という意味《いみ》であります。高慢であるということが最《もっと》も神に近附《ちかづ》く邪魔《じゃま》になるのであります。高慢でないことを「生長《せいちょう》の家《いえ》」では「心が貧《まず》しい」という言葉を使うのであります。高慢である人は心の水圧《すいあつ》が高いのでありますから、いくら真理《しんり》の水の流れを供給《きょうきゅう》して差上《さしあ》げてもその人《ひと》の方《ほう》へは流れて行《ゆ》かないのであります。この高慢であることと、「自分《じぶん》自身《じしん》を尊《とうと》べ」という「智慧《ちえ》の言葉」とは似《に》ているようでも大変異《たいへんちが》うのであります。自分自身を尊《とうと》ぶということは、「自分《じぶん》の本当《ほんとう》の実相《じっそう》が神の子である」その実相を尊《とうと》び崇《あが》めるということでありまして、これは最《もっと》も必要《ひつよう》なことであります。しかし自尊《じそん》と高慢とは異《こと》なるのであります。本当の自分としてモット立派《りっぱ》な存在《そんざい》のあることを知らずに、「偽存在《にせもの》の自分」に満足《まんぞく》して、それで充《み》ち足《た》りたつもりでいる、これが「心の貧《まず》しくない」人、心のたかぶっている人のことであります。

高慢　人よりすぐれているると思い上がっていること

「智慧の言葉」　真理を短文で書き表した著者の箴言集。本全集第三十四巻「聖語篇」に収録

細菌恐怖症《さいきんきょうふしょう》の奥様《おくさま》の話

頭注版㉚一四四頁

きのうも或《あ》る男の方《かた》が、この道場《どうじょう》のその辺《へん》に坐《すわ》っておられまして、その方《かた》の奥《おく》さんが細菌恐怖症にかかっているという話をされました。その奥さんは、最初何《さいしょなに》かの機会《きかい》にどこかで御馳走《ごちそう》をよばれられた。ところが本当《ほんとう》はそれが原因《げんいん》であったかどうかわからないけれども、その人《ひと》は、それに細菌《さいきん》が附《つ》いておったのが原因であると信じているのですが、ともかくもチフスになって或《あ》る病院《びょういん》に入院《にゅういん》して一ヵ月《げつ》ほどで治《なお》ったのでありますけれども、それ以《い》来《らい》、細菌恐怖症に罹《かか》ったのです。そうしてもうあらゆるものに附着《ふちゃく》している細菌が恐《おそ》ろしいというふうになり、御主人《ごしゅじん》が帰って来ると、みんな着物《きもの》を脱《ぬ》がせてそうして日光消毒《にっこうしょうどく》だといって、一日位太陽光線《ぐらいたいようこうせん》の中《なか》にぶら下《さ》げておかなくちゃ気が済《す》まない。あらゆるものをアルコールで消毒《しょうどく》する。

チフス　チフス菌による伝染性感染症。発熱等の症状が現れ、小腸に潰瘍ができる

偶々《たまたま》その御主人《ごしゅじん》が、この春百日咳《ひゃくにちぜき》の子供《こども》があそこで出たという家《いえ》へ訪問《ほうもん》して行《い》って、その家《うち》の帽子架《ぼうしかけ》へ帽子《ぼうし》を掛《か》けた。それが奥様《おくさま》に知れるとさあ大《たい》変《へん》、「その帽子には黴菌《ばいきん》が附《つ》いておるから自家《うち》の帽子架《ぼうしかけ》に掛けることはならない」というふうな、とても病的《びょうてき》な黴菌恐怖症《ばいきんきょうふしょう》なのであります。その話をなさいまして御主人《ごしゅじん》が、「そういう恐怖症《きょうふしょう》を治《なお》す道《みち》はありませんか」と私にお尋《たず》ねになったのであります。それで私がその御主人にお尋ねしたのであります、「ところで、その奥《おく》さんは黴菌恐怖症というものから逃《のが》れたい、こんな苦しい強迫観念《きょうはくかんねん》はないから、と思っておられますか?」こうお尋ねしたのです。すると、その御主人のいわれるには、「家内《かない》は自分《じぶん》のその強迫観念を逃《のが》れたいとは思っていないらしいのです。すべての物《もの》をアルコールで消《しょう》毒《どく》し、終日《しゅうじつ》すべての夜具《やぐ》を日光《にっこう》で消毒していることが、これが最上《さいじょう》の衛生《えいせい》の道であるとこう信じている。それで『そういうことをしなくても好《よ》い』といったり『そんなことをしなくとも好《よ》いということがこの本に書いてあるか

百日咳　百日咳菌の飛沫感染によって起こる子供の急性感染症。痙攣性の咳が出る

強迫観念　打ち消そうとしても払いのけることができない不安な気持ち

ら読みなさい』といおうものなら自分《じぶん》のすることは一番好《ばんよ》いのだ、自分はあらゆる医学書《いがくしょ》を読んだから、そんな本に書いてあることはみんなもう知っている、医学上《いがくじょう》こうすることが一番安全《あんぜん》な方法《ほうほう》であってこれに越《こ》した方法はないのだ、これに反対観念《はんたいかんねん》を持たせるものは危険《きけん》だから読みたくない、教《おし》えられたくないというふうな気持《きもち》を持っているから、周囲《しゅうい》の人《ひと》が何《なん》といっても諾《き》かないのです」とその御主人《ごしゅじん》は当惑《とうわく》したような表情《ひょうじょう》をせられたのであります。細菌恐怖症《さいきんきょうふしょう》は間違《まちがい》であるから逃《のが》れたい、自分の実相《じっそう》はこんな弱いものでないというのなら、これは自尊《じそん》であるから、そういう強迫観念《きょうはくかんねん》から醒《さ》ましやすいのであります。然《しか》るにこの細菌恐怖症が一等好《いっとうよ》いのだと思っている、これが偽我慢心《ぎがまんしん》であります。これは、今《いま》の不完全《ふかんぜん》な状態《じょうたい》を却《かえ》って好《よ》いものだと慢心《まんしん》しているのですから、それ以上《いじょう》にいくら立派《りっぱ》な真理《しんり》があっても注込《つぎこ》むわけに行《ゆ》かないのであります。そういう人《ひと》の家《いえ》は、奥様《おくさま》がそういう塩梅《あんばい》ですから、地獄《じごく》であるけれども、天国《てんごく》がその家《いえ》へ入《はい》って行《ゆ》くわけに行《ゆ》か

当惑　どうしたらよいか途方にくれること。とまどうこと

塩梅　物事の具合、ようす

ないのであります。だから、心の驕《たかぶ》るものには天国《てんごく》がその人《ひと》のものとならない。ところが、もしこの奥《おく》さんが謙虚《けんきょ》な謙《へりくだ》った心になって、たとい今病気《いまびょうき》であっても、この苦しい状態《じょうたい》は神が造《つく》ったのではない、自分《じぶん》が迷《まよ》って申訳《もうしわけ》がない、何《なに》か救《すく》いの道《みち》がよそにあるのではなかろうかというような、何《なん》でも受容《うけい》れる素直《すなお》な気持《きもち》になって、自分の現在《げんざい》が一番《ばん》いいというような高慢《こうまん》な気《き》持《もち》を捨《す》ててしまって、自分は未《ま》だ足らない、足らないから、どんな教《おし》えでも受入《うけい》れようというふうな謙《へりくだ》った気になっておられたならば、『生命《せいめい》の實相《じっそう》』も喜《よろこ》んでお読みになるでありましょうし、天国は早速《さっそく》その人の家《いえ》へ入《はい》って行《ゆ》くのであります。どうもこの高慢という奴《やつ》は、今現在自分の持っているものが一番いいのだと、他《ひと》からの救いを堰《せ》きとめてしまうので救《すく》われ難《がた》いのであります。それですから「幸福《さいわい》なるかな、心の貧《まず》しきもの。天国はその人のものなり」とこう書かれてあるわけであります。次には、

謙虚　控え目でつつましいさま。相手の意見などを素直に受け入れるさま
たとい　「たとえ」に同じ

偽我《ぎが》を悲しむ者《もの》

○幸福《さいわい》なるかな、悲しむもの。その人《ひと》は慰《なぐさ》められん。

と書かれています。「生長《せいちょう》の家《いえ》」では、いつも「朗《ほが》かに笑え」というのでありますs。いつも朗《ほが》かに笑うというのがこれが神に近づく道《みち》である。悲しいのが神に近づく道ではないのでありまして、「勇《いさ》み、喜《よろこ》べ」というようにいうのであります。ところがここには「悲しむ者、その人は慰められん。」こう書いてある。それではここに書いてあるそのままを受取《うけと》って行《ゆ》きますと、悲しむ者は神様《かみさま》から慰められ、喜ぶものは神様から慰められないというようなな、ちょっと「生長の家」の考えとは違《ちが》うようなことが書いてあるように思えるのであります。

頭注版㉚一四六頁

幸福なるかな、悲しむもの。…『新約聖書』「マタイ伝」第五章四節

けれどもこの「悲しむ者《もの》」というのはそういうふうな意味《いみ》ではないのでありまして、やはりこれは「偽存在の自分《にせものじぶん》」というものを「悲しみ」それを捨離《しゃり》して行《ゆ》こうとする者のことであります。本当《ほんとう》の自分の朗《ほが》かさを出すために「偽存在《にせもの》の自分」を悲しんで、こういう状態《じょうたい》ではならないという心持《こころもち》になって、「ああ、自分というものはわるい自分である、こんな見苦《みぐる》しい自分である、ちょっとすれば腹《はら》が立つような自分である、ちょっとすれば傷《きず》つく自分である、ちょっとすれば心が乱《みだ》れる自分である、ああこの『偽存在《にせもの》の自分』をどうして打砕《うちくだ》いたらよかろうか」というように、この「偽存在《にせもの》の自分」を悲しむ人《ひと》その人は幸福《さいわい》なるものであって、本当の慰《なぐさ》め、本当の真理《しんり》というものを得《う》ることが出来《でき》るというのであります。

「生長《せいちょう》の家《いえ》」で、朗《ほが》かに、いつも愉快《ゆかい》に、明るく生きよ、ということを申《もう》しましたり、わるいものは本来《ほんらい》ないのである、善《よ》いものだけしかないのである、総《すべ》て善《よ》いのだ、実相《じっそう》を見るようにせよ、こういうふうに申しましたら、

捨離《しゃり》　捨てて離すこと

どんなわるいことをしながらも、「悪《あく》は無《な》いのだ、これで好《よ》いのだ」と考えたり、「わるい」と人《ひと》から認《みと》められることを平気《へいき》でして「実相《じっそう》を見てもらいたい、本来悪《ほんらいあく》というものはないのだ、悪《あく》だと思う人の方《ほう》が仮相《かそう》に捉《とら》えられているんだ」などと朗《ほがら》かに傲語《ごうご》する人があります。こういう人は「幸福《さいわい》なるかな、悲しむ者《もの》。その人は慰《なぐさ》められん」の仲間入《なかまい》りが出来《でき》ないのであります。

真理《しんり》の穿《は》き違《ちが》いの話

それについて、この前指導者《まえしどうしゃ》の講習会《こうしゅうかい》がありました時《とき》に、こういう面白《おもしろ》い話があったのであります。私が講話中《こうわちゅう》、偶然《ぐうぜん》に便所掃除《べんじょそうじ》の話を致《いた》したのであります。それは、別段《べつだん》ここへ講習《こうしゅう》に来ておられる人たちに当附《あてつ》けて話したのでも何《なん》でもなかったのでありますが、信仰《しんこう》というものは行《おこな》いの中《なか》にある、本当《ほんとう》に悟《さと》ったら必《かなら》ず動き出して来るものであるというような意味《いみ》を話《はなし》す

傲語　大きなことを自信に満ちて言うこと

頭注版㉚一四八頁

当附ける　他のことにかこつけて相手を遠回しに非難したり皮肉を言ったりする。あてこする

るために、実《じつ》は穏田《おんでん》の私宅《わたくしたく》に修行者《しゅぎょうしゃ》が集《あつま》っておられた頃《ころ》に、下駄《げた》の並《なら》べ方《かた》が乱雑《らんざつ》になったり、お便所《べんじょ》なんかが無暗矢鱈《むやみやたら》に汚《きたな》くなりまして、女中《じょちゅう》さんが掃除《そうじ》しようと思って入《はい》ってみると、タイルの上《うえ》が洪水《おおみず》のようになって、その洪水《おおみず》の上に草履《ぞうり》が浮《う》いているというようなことがあって、女中さんが掃除《そうじ》に困《こま》っていたのであります。好《よ》い女中さんなればこそ逃《に》げても帰らないで続いたのでありますが、その時《とき》には、私は何《なに》も修行者の方《かた》には申《もう》しませんでした。自分《じぶん》の宅《たく》の便所であるから、向《む》うから進んで綺麗《きれい》にして下《くだ》さるのなら、それで好《い》いけれども、こちらから便所を綺麗《きれい》にして下《くだ》さいとはいい難《にく》い、黙《だま》ってそれを掃除して下《くだ》さる女中さんに掌《て》を合《あわ》していたのであります。ところが、私宅《わたくしたく》で集《あつま》るという事《こと》はもうお終《しま》いになりまして、山脇女学校跡《やまわきじょがっこうあと》の講堂《こうどう》で集《あつま》ることになったのでありますから、こないだの指導者講習会《しどうしゃこうしゅうかい》の時に、私宅《わたくしたく》で集《あつま》っていた頃《ころ》の修行者の有様《ありさま》、その便所の有様《ありさま》をちょいとお話《はなし》したのであります。そしたら、それから後《のち》にその講習《こうしゅう》をお受けになった

山脇女学校跡　明治三十六年に山脇玄、山脇房子夫妻が創立した山脇高等女学校（現在の山脇学園中学校・高等学校の前身）の旧校舎。昭和十年に同校が移転するのに伴い著者の設立した光明思想普及会が譲り受けて、翌年生長の家本部となった

人々《ひとびと》が便所《べんじょ》の方《ほう》へお出《い》でになって話をしておられた。本部《ほんぶ》の人《ひと》でその便所へ往《い》ってその話を聞いた人がある――どういって話をしているかというと、「オイオイ今日《きょう》は一本《ぽん》やられたぞ、先生《せんせい》に一本やられたぞ。」（一同笑う）そういっておったそうです。それから一人《ひとり》が便所の戸を開《あ》けて見て、「ヤア、これじゃ、やられるのは当《あた》り前《まえ》じゃ」（笑声《しょうせい》）そういっている人《ひと》もあったそうです。そうすると又一人《またひとり》が、「イヤこれは別《べつ》に汚《きたな》いことないよ。汚《きたな》いと見るのは実相《じっそう》を見ないからだ。（笑声）これを汚《きたな》いと見るのは先生が迷《まよ》っているのだよ。（笑声）本来汚《ほんらいきたな》いものはないんだからな。」まあそういうふうにいった人があったそうです。そういった人のように、この「実相」というものと、「仮《かり》の相《すがた》」というものと混同《こんどう》してしまって、そうして、大便《だいべん》がひっかかっておってもそれは美しいのであると、（笑声）こういうふうに混同して、為《な》すべからざる所《ところ》に為《な》すべからざるものを引っかけるというのは、これは実相を悟《さと》った人ではない。こういう人は「悲しむ者《もの》、その人は慰《なぐさ》められん」というわけには行《ゆ》かないのであります。

実相《じっそう》とは所《ところ》を得《え》た世界《せかい》

実相というものは「そのまま美しい」のであります。「そのまま美しい」というのは、実相の世界は所を得《え》ているからであります。皆《みな》さんがこの席《せき》にこう列《なら》んで坐《すわ》っていられるのも所を得《え》ているから美しいのであります。ところが、デコボコの列《なら》んだレンズを透《とお》して見ると折角整然《せっかくせいぜん》と列《なら》んでいる皆様《みなさま》がゴタゴタに見えて乱雑極《らんざつきわ》まるように見えて美しく見えない。その美しく見えないのは所を得《え》ていないからであります。大便《だいべん》を便所《べんじょ》の縁《ふち》にヒッかけて穢《きたな》いというのも、所を得《え》ていないからであります。大便でも所を得《え》させて試験管《しけんかん》に入《い》れて分析《ぶんせき》してアンモニア水《すい》というものを造《つく》ると、そのアンモニア水で、美人《びじん》が晴着《はれぎ》の襟《えり》についた白粉《おしろい》などを拭《ふ》くのであります。便所の縁《ふち》に引っかけ

頭注版㉚一五〇頁

れば穢《きたな》いが、所《ところ》を得《え》させて配列《はいれつ》をかえて美人《びじん》の襟《えり》を拭《ふ》くと美しい。それで、吾々《われわれ》が実相《じっそう》はみんな善《ぜん》であるというのは、決《けっ》してその所を得《え》ない姿《すがた》をどうでも構《かま》わないと無視《むし》してしまうのではないのであります。実相はみんな所を得《え》ているから美しいのでありますが、吾々《われわれ》の念《こころ》の迷《まよい》によって凹凸様々《おうとつさまざま》に歪《ゆが》んでいるから、本来《ほんらい》の実相の位置《いち》に顕《あらわ》れない、それを穢《きたな》いとか悪《あく》だとかいうのであります。ですから、そこに汚《きたな》い相《すがた》が現《あらわ》れておったらば、それはそこに、それに関係《かんけい》した人《ひと》の心の迷《まよい》というものが現《あらわ》れているのであります。大便《だいべん》を便所《べんじょ》の縁《ふち》に引っかける人はそれ相応《そうおう》の迷《まよい》があって、そういう行《おこな》いをそこにあらわしているのであります。迷《まよい》がなくなれば、大便もあるべき所《ところ》へポトンと落ちて決《けっ》して便器の縁《ふち》を汚《よご》すようなことはないのであります。だから趙州和尚《じょうしゅうおしょう》は修業《しゅぎょう》の極意《ごくい》を「御飯《ごはん》を食べたら茶碗《ちゃわん》を洗え」といったのであります。当《あた》り前《まえ》の事《こと》が当《あた》り前《まえ》に出来《でき》るのが悟《さとり》の心であります。だから、「花は紅《くれない》、柳《やなぎ》は緑《みどり》、便器の縁《ふち》のウンコは穢《きたな》い」と知るのが本当《ほんとう》の悟《さとり》なのであります。迷《まよい》があ

趙州和尚　趙州従諗。七七八〜八九七年。中国・唐代の禅僧。著者による『無門關解釋』第七則等に詳しい

極意　物事の核心。奥義

「御飯を食べたら…」　『無門関』第七則の公案「趙州洗鉢」で趙州和尚が新参の弟子の問いかけに応えた言葉

花は紅、柳は緑　北宋の詩人蘇軾(そしょく)の「柳緑花紅真面目」より。柳は緑色をしており、花は紅に咲くように、自然そのままであること。自然のことわり

るとかないとかいう問題《もんだい》は難《むつ》かしい問題になるのでありますが、迷《まよい》は本来無《ほんらいな》いということを「生長《せいちょう》の家《いえ》」では説《と》いているのでありますから、そこに迷《まよい》があるのだなんていいますと、また「谷口先生《たにぐちせんせい》迷っている」なんていわれるかも知れませんが、迷《まよい》は「本来ない」けれども、そこに仮《か》りに現《あらわ》れている、無《な》いものが現《あらわ》れているからそれを消さなければならないのです。あるものが現《あらわ》れているのなら消すことは要《い》らないが、大便《うんこ》が便所《べんじょ》の縁《ふち》に引掛《ひっかか》っておっては、それは本来あるように現《あらわ》れていないので、本来無いところの不完全《ふかんぜん》な姿《すがた》であるから消すようにしなければならないのであります。本来あるものはみな神様《かみさま》が本当《ほんとう》にお造《つく》りになったそのままの相《すがた》であるのですから、それが「所《ところ》を得《え》ている以上《いじょう》」決《けっ》して見苦《みぐる》しいものは一《ひと》つもないのです。大便《うんこ》の中《なか》にも神様がある、と子供《こども》に教《おし》えられて悟《さと》った人《ひと》もある。その話をすると、大便《うんこ》が引《ひっ》掛《かか》っておっても神様が引掛《ひっかか》っている（笑声《しょうせい》）と思ったら穢《きたな》くないとも、理《り》窟《くつ》でいえばいえるのでありますけれども、この実相《じっそう》の本当の相《すがた》というものは調和《ちょうわ》した相《すがた》で、大調和《だいちょうわ》が実相《じっそう》の相《すがた》なのです。調和の相《すがた》、大便《うんこ》は大便《うんこ》として所《ところ》を得《う》るということが、これが調和の相《すがた》で、大便《うんこ》そのものが汚《きたな》いというわけではないのであります。或《あるい》は鶯《うぐいす》の糞《ふん》で顔《かお》を洗う人《ひと》もあるのであって、必《かなら》ずしも大便《うんこ》そのものが汚《きたな》いというわけはない。先刻申《せんこくもう》しましたように、科学的《かがくてき》に分析《ぶんせき》してアンモニアであるとか窒素《ちっそ》であるとか繊維素《せんいそ》であるとかハッキリさしてしまえばどこにも汚《きたな》いという要素《ようそ》はないのであります。けれども、ああいう場所《ばしょ》にああいう具合《ぐあい》に引掛《ひっか》けてあるという事《こと》が、これが実相が現《あらわ》れていない、心の不調和《ふちょうわ》がレンズとなって、光線《こうせん》が屈折《くっせつ》して在《あ》るべき所にチャンといないのであります。心の光線が屈折すると、柳《やなぎ》を紅《くれない》と見たり、花が緑《みどり》に見えたりする。色盲《しきもう》などはこうして起《おこ》る。ウンコを綺麗《きれい》だと思うのも色盲であります。それですから現象《げんしょう》を見たならば、「ああこれは実相が出ている」「ああこれは仮相《かそう》だ」と、この二《ふた》つをちゃんと見分《みわ》けることが出来《でき》なければならないのです。暗《やみ》と光《ひかり》とを見分けることが出来なければ悟《さとり》ではないの

繊維素 ブドウ糖が結合して生成された植物の細胞壁の主成分。セルロースともいわれる細い糸状の物質

色盲 先天性の色覚異常の旧称。すべての色、またはある色の識別が困難な症状

であります。そうして暗《やみ》の中《なか》にいながら「これが明るいというものだ」と思って「明るいというものは光線《こうせん》がなくてこんなに黒っぽいものだ」というように、明暗《めいあん》の区別《くべつ》が分《わか》らないようでは悟《さとり》ではないのであります。悟《さとり》と迷《まよい》の区別といったり、明暗の区別といったり致《いた》しますと、そこに「迷《まよい》」というものが実在《じつざい》したり、「暗《やみ》」というものが実在するように思われるかも知れませんが、「迷《まよい》」といい、「暗《やみ》」というのは、唯光《ただひかり》が顕《あらわ》れていない状態《じょうたい》であるという事《こと》になるのです。その暗《やみ》たるや光を点《とも》せば直《す》ぐ消えるのであります。暗《やみ》は虚《きょ》でありますから積極的《せっきょくてき》の存在力《そんざいりょく》がないから何《なん》千年前《ねんまえ》からの暗《やみ》でも、昨夜《さくや》から出来《でき》た暗《やみ》でも一様《いちよう》に、同一燭光《どういつしょっこう》の光で、同一《どういつ》の程度《ていど》に明るくなる。これを見ても暗《やみ》に存在性《そんざいせい》のないことが判《わか》るのです。しかしながら暗《やみ》に存在性がないといって、自分《じぶん》が今本来《いまほんらい》ない暗《やみ》の中《なか》にいるのであるか、光の中《なか》に自分がいるのであるかという区別がつかなければ暗《やみ》で満足《まんぞく》するということになってしまって本当《ほんとう》の実相《じっそう》の調和《ちょうわ》した状態というものが出て来ないのであります。

燭光　光度の旧単位。一燭光は一・〇〇六七カンデラ

ですからこの調和《ちょうわ》した状態《じょうたい》が実相《じっそう》の状態であって、調和のない状態は悉《ことごと》くこれ虚《うそ》の状態であることを知り、そういう虚《うそ》の状態は消してしまわなければならないのであります。

誰《たれ》でも一様《いちよう》に異性《いせい》を愛し得《う》るのは悟《さとり》か

頭注版㉚一五四頁

きのう或《あ》る人《ひと》がやって来られて『生命《せいめい》の實相《じっそう》』を読んだら大変自分《たいへんじぶん》の心が変《かわ》って来て総《すべ》ての人を愛するような気持《きもち》が起《おこ》ってきましたとこういわれた。しかしどうもあまり総《すべ》ての人を同じように愛するようになって来たら不都合《ふつごう》が起《おこ》りやしませんか、この状態が進んで行《い》ったら、何《なん》だか自分の愛が平等《びょうどう》無差別《むさべつ》になって来て、自分の奥《おく》さんと他人《たにん》の奥さんとを間違《まちが》えたり、自分の子供《こども》と他人の子供とを間違えたりするような不都合が起《おこ》りはしないでしょうかといわれました。しかし、そういうことは実際《じっさい》、実相を知れば起《おこ》らないのであります。在来《ざいらい》の間違《まちが》えて説《と》かれた仏教《ぶっきょう》のように（本当《ほんとう》の仏教はそうではありませんが）「実相《じっそう》」というものを平等《びょうどう》に、水のように或《あるい》は空気《くうき》みたいに、何《なに》もない平等の、すっかりみんな同質《どうしつ》のものであるというふうに考えられる場合《ばあい》には、そこに実相を現《あらわ》すということはみんな平等になって、自分《じぶん》も彼《かれ》も、自分の家内《かない》も他人《たにん》の家内も差別《さべつ》がない。自分の持物《もちもの》も他人の持物《もちもの》も差別がないような状態《じょうたい》にするのが実相を顕《あらわ》すように思い、夫々《それぞれ》の国《くに》の特殊《とくしゅ》の地位《ちい》もなければ何《なに》もない一切平等《いっさいびょうどう》というふうに解《かい》せられる恐《おそ》れがあるのでありますけれども、「生長《せいちょう》の家《いえ》」では、実相を空《くう》とは説《と》かないのです。迷《まよい》が空《くう》なのです。迷《まよい》はないから空《くう》なのです。実相は調和《ちょうわ》である、大調和《だいちょうわ》なのです。大調和だから「実《じつ》」なのです。大調和ということは所《ところ》を得《う》るということであります。所を得《う》るということは自分の細君《さいくん》が自分の細君であるとわかり、他人の細君が他人の細君であるとわかることである。大便《だいべん》はどこに放《ひ》るのが所を得《う》るのであるか、桜《さくら》の花はどう咲《さ》くのが所を得《う》るのであるか、牡丹《ぼたん》

細君　自分または同輩や目下の人の妻

はどういうふうに美しいのが所《ところ》を得《う》ることであるか、また日本《にっぽん》の位置《いち》はどうでなければならないか、外国《がいこく》の位置はどうでなければならないか、これ悉《ことごと》く所を得《う》るということであって、所を得なければ実相《じっそう》が現《あらわ》れていないということになるのであります。

それですから、所を得《え》ていない状態《じょうたい》は、まだ実相が現《あらわ》れていないことでありますまだこの世界《せかい》が所を得《え》ていないことを悟《さと》り、本当《ほんとう》に悲しむことが出来《でき》るものは実相が顕《あらわ》れて慰《なぐさ》められる。実相の光《ひかり》を受ければ本当の喜《よろこ》びというものを知ることが出来《でき》るのであるというわけであります。

幸福《さいわい》なるかな柔和《にゅうわ》なる者《もの》

○幸福《さいわい》なるかな、柔和《にゅうわ》なる者。その人《ひと》は地を嗣《つ》がん。

頭注版㉚一五五頁

柔和　もの柔らかで優しく穏やかなこと

幸福なるかな、柔和なる者。…『新約聖書』「マタイ伝」第五章五節こう書いてあります。柔和《にゅうわ》なる者《もの》というのは心が尖《とが》っていない、心がまん円《まる》く穏《おだや》かに調和《ちょうわ》している人《ひと》のことをいうのであります。「生長《せいちょう》の家《いえ》」はこの大調和《だいちょうわ》の心を得《う》るという事《こと》を強調《きょうちょう》しているのでありまして、『生命《せいめい》の實相《じっそう》』の巻頭《かんとう》にある「汝《なんじ》ら天地一切《てんちいっさい》のものと和解《わかい》せよ」というあの神示《しんじ》は、要《よう》するにこの柔和《にゅうわ》の心の徳《とく》が説《と》かれているのであります。本当《ほんとう》に柔和《にゅうわ》なるものになったならばその人は地を嗣《つ》がん。この「地を嗣《つ》がん」という言葉は旧約《きゅうやく》の方《ほう》から出て来た言葉でありまして、神の恵《めぐみ》を受けたものは聖地《せいち》パレスタインを回復《かいふく》してその土地《とち》を他《た》から奪《うば》われない、その土地の世嗣《よつぎ》となるというふうなことが旧約の方《ほう》に書いてある。――その言葉を持って来たのであります。別《べつ》に聖地パレスタインということは吾々《われわれ》には関係《かんけい》がない。そういう人達《ひとたち》は要《よう》するに神の恵《めぐみ》を受けてこの地上《ちじょう》に於《おい》て栄《さか》えるという意味《いみ》がこの「地を嗣《つ》がん」という意味であります。

栄えるためには、この大調和心《だいちょうわしん》、柔和《にゅうわ》の心というものが最《もっと》も大切《たいせつ》であり

「汝ら天地一切のものと…」 昭和六年九月二十七日に著者に天降った「大調和の神示」の冒頭の言葉

旧約 『旧約聖書』。ユダヤ教とキリスト教の聖典。ここではその中の「詩篇」第三七篇を指す

聖地 神聖な土地。"the Holy Land" でパレスタインを指す

パレスタイン パレスチナ Palestine 王国。アジア南西部、地中海東岸にあった古代王国。Canaan（カナーン）とも言う

まして、人間《にんげん》のほとんど五十パーセントの病気《びょうき》というものは、人《ひと》が心から柔《にゅう》和《わ》を失ったから起《おこ》るのであります。しかし、柔和《にゅうわ》といっても、決《けっ》してこの全《ぜん》然何《ぜんなん》の力《ちから》もない、どんなことをせられても我慢《がまん》してお辞儀《じぎ》しているということが必《かなら》ずしも柔和《にゅうわ》ではないのであります。ここには書いてありませぬけれども「鳩《はと》の如《ごと》く穏《おだや》かであって、蛇《へび》の如《ごと》くさとくあれ」ということを、別《べつ》のところでキリストはいっているのであります。単《たん》に鳩のように穏《おだや》かなだけでは他《た》人《にん》に却《かえ》って乗《じょう》ぜられることもあるのであります。鳩の如《ごと》く穏《おだや》かであると共《とも》にやはり蛇の如《ごと》き鋭《するど》い智慧《ちえ》もなければならないのであります。柔和《にゅうわ》が智慧《ちえ》によって導《みちび》かれた時《とき》に本当《ほんとう》にその柔和《にゅうわ》が生きて来るということになるのであります。単《たん》に、柔和《にゅうわ》なだけであって、人からどういうふうなことをされても少しも反抗《はんこう》出来《でき》ないというふうなことでは本当じゃないのであります。仏《ほとけ》さまもやはり色々相手《いろいろあいて》に随《したが》って姿《すがた》を変えて衆生《しゅじょう》をお救《すく》いになるのでありまして、観世音菩薩《かんぜおんぼさつ》でも夜叉《やしゃ》に対《たい》しては夜叉《やしゃ》の形相《ぎょうそう》を以《もっ》て現《あらわ》れ給《たま》うて相手を救うと

「鳩の如く…」『新約聖書』「マタイ伝」第十章にあるキリストの言葉

乗ぜられる つけこまれる。利用される

衆生 仏教語。命あるすべての存在。特に、仏の救済の対象となる人間

観世音菩薩 大慈大悲に富み、三十三の姿に変じて人間の一切の悩み苦しみを除くとされる菩薩。弥陀三尊として阿弥陀如来の左脇に立つ。右脇は勢至菩薩

夜叉 古代インド神話に登場する鬼神。顔かたちが恐ろしく、人を害するなど性質が荒いが、仏教に取り入れられてからは北方を守護する鬼神となった

形相 顔つき

『観音経《かんのんぎょう》』には書いてあります。東方阿閦如来《とうほうあしゅくにょらい》は不動明王《ふどうみょうおう》と現《あらわ》れ給《たま》うて衆生《しゅじょう》を救《すく》い給《たま》う。右手には剣《けん》を持ち左手には悪魔《あくま》を縛《しば》る綱《つな》を持って立っておられる。仏《ほとけ》さんがああいう物凄《ものすご》い相《すがた》をしておられるというと変《へん》にお考えになるかも知れませんけれども、あの相《すがた》がやはり仏《ほとけ》さまの相《すがた》であります。柔和一《にゅうわひと》つに「凝《こ》り」固《かた》まったならば、それは「凝《こ》り」であってホトケではない。仏《ほとけ》は柔和《にゅうわ》に凝《こ》ることからも解脱《ほどけ》ねばならない。さればこそキリストも「われ地に平和《へいわ》を投《とう》ぜんために来《きた》れりと思うな、反《かえ》って剣《つるぎ》を投《とう》ぜん為《ため》に来《きた》れり。」こういうふうなこともいっておられる。だから単《たん》にこの柔和《にゅうわ》なるものといっても柔和《にゅうわ》の程度《ていど》が色々《いろいろ》あるわけでありまして、時《とき》に応《おう》じてその柔和《にゅうわ》の相《すがた》が変《かわ》って来なければならない、これもやはり所《ところ》を得《う》るということが必要《ひつよう》なのです。所を得《う》るということが本当《ほんとう》の柔和《にゅうわ》である。相手に応じてそれに相応《ふさわ》しい相《すがた》を現《あらわ》すということ、これが柔和《にゅうわ》なのです。「穏《おだや》か」「穏《おだや》か」ということに凝《こ》り固《かた》まってしまって、柔和《にゅうわ》のほかに何《なに》もない、無抵抗《むていこう》のほかに何《なに》もないと

『観音経』　『法華経』第八巻第二十五品の「観世音菩薩普門品」の別称。観世音菩薩の功徳、妙力を説く

東方阿閦如来　西方極楽浄土の阿弥陀仏に対比される仏。『阿閦仏国経』に説かれる。大日如来のもとで発願、修行して成仏し、東方善快浄土（妙喜世界）を建てた。密教では金剛界の東方に住む五仏の一つとされる

不動明王　真言密教の本尊である大日如来の使者とされる五大明王・八大明王の主尊。一切の悪魔や煩悩を滅ぼすために忿怒の相を現す。不動尊

さればこそ　そうであるからこそ

「われ地に平和を…」　『新約聖書』「マタイ伝」第十章、「ルカ伝」第十二章にあるキリストの言葉

投ぜんため　もたらすため

トルストイのように凝《こ》り固《かた》まってしまったら、それは「凝《こ》り」であって、柔和《にゅうわ》ではない。だからトルストイは内心苦悶《ないしんくもん》やる方《かた》なく八十数歳《すうさい》にして家出《いえで》をしてのたれ死《じに》してしまった。往々《おうおう》この柔和《にゅうわ》ということに凝固《こりかた》まって、柔和《にゅうわ》という結晶《けっしょう》が出来《でき》てしまったような、触《さわ》ってみると霜柱《しもばしら》のように、氷柱《つらら》のように角立《かどだ》った柔和《にゅうわ》の結晶体《けっしょうたい》になっている人《ひと》がある（笑声《しょうせい》）。この柔和《にゅうわ》の結晶体が出来たりするとそれはもう柔和《にゅうわ》とはいえない。水は柔和《にゅうわ》であるが、水でも結晶して氷柱《つらら》になったり霜柱《しもばしら》になったりすると、それは水の自由自在《じゆうじざい》性《せい》を失ったのです。本当《ほんとう》の柔和《にゅうわ》というものは時《とき》には、剣《つるぎ》ともなって現《あらわ》れ、時には、柔《やわら》かい暖《あたた》かい褥《しとね》ともなって現《あらわ》れるというふうにならなければならない。この自由自在《じゆうじざい》の相《すがた》が本当にこの柔和《にゅうわ》の相《すがた》なのであります。そういうふうに所《ところ》を得《え》た大調和《だいちょうわ》の柔和《にゅうわ》なる相《すがた》を得《え》た時《とき》に初《はじ》めて吾々《われわれ》は地上《ちじょう》に於《おい》て神の栄《さか》えを現《あらわ》すことが出来るのである――こういう意味《いみ》であります。

トルストイ Lev Nikolaevich Tolstoi 一八二八～一九一〇年。十九世紀ロシア文学を代表する小説家。代表作は『戦争と平和』『アンナ・カレーニナ』『復活』など

やる方ない 心をなぐさめようがない。どうしようもない

褥 布団。寝床

義《ぎ》に飢《う》え渇《かわ》く者《もの》

○幸福《さいわい》なるかな、義《ぎ》に飢え渇く者。その人《ひと》は飽《あ》くことを得《え》ん。

この「義《ぎ》に飢え渇く者」というのは、正しさを求める者、柔和《にゅうわ》の「愛」に対《たい》してここでは「義《ぎ》」の方面《ほうめん》が書かれてあるわけであります。「義《ぎ》」というのは天理教《てんりきょう》でいえば「天理《てんり》」という。仏教《ぶっきょう》でいえば「因果《いんが》の理法《りほう》」であって、五の罪《つみ》に対しては五の償《つぐな》いをする。十の罪に対しては十の償いをする。石に対しては石を報《むく》いるというふうなのがこれが「義《ぎ》」である。或《あるい》は一《ひと》つの掟《おきて》というものがあればそれを根限《こんかぎ》り守って一歩《ぽ》も忽《ゆるが》せにしない真直《まっすぐ》な相《すがた》が義《ぎ》であります。

私は『生《お》ひ立《た》ちの記《き》』にも書いてあります通《とお》り、以前大本《いぜんおおもと》教《きょう》で修行《しゅぎょう》した

頭注版㉚一五八頁

幸福なるかな、義に飢え渇く者。… 『新約聖書』「マタイ伝」第五章六節

飽く 満足する

天理教 教派神道の一つ。天保九年、中山みきが創始

因果の理法 原因結果の法則。よい行いにはよい結果が、悪い行いには悪い結果が生ずること

根限り 気力や体力の尽きるまで一所懸命に物事を行うさま

忽せ いいかげん。なおざり

『生ひ立ちの記』 本全集第三十一～三十三巻「自伝篇 神示を受くる迄」が昭和十年九月に黒布表紙版『生命の實相』全集第十巻として発行されると共にこのタイトルでも単行本として発行された

ことがあるのであります。大本教《おおもときょう》の初代《しょだい》の教祖《きょうそ》である出口直《でぐちなお》というお婆《ばあ》さんは、非常《ひじょう》に「義《ぎ》」の人《ひと》であって、その説《と》くところ行《おこな》うところが真直《まっすぐ》であった。この方《かた》のお書きになったお筆先《ふでさき》にどう書いてあるかというと、この出口《でぐち》直《なお》というものは経役《たてやく》をするのである。経糸《たていと》の役目《やくめ》は真直《まっすぐ》一点張《てんば》りの働《はたら》きをするのであってちょっとも枉《ま》げられぬのであるとこう書いてあります。真直《まっすぐ》な織物《おりもの》の経糸《たていと》の働きをしてそうしてずっと教えを進めて行《ゆ》くのが自分《じぶん》の役目である。ところがもう一人《ひとり》大本教には緯役《よこやく》というものがある。織物《おりもの》というものは経糸《たていと》ばかりでは織《お》れるものではない。緯糸《よこいと》というものが必要《ひつよう》である。経緯《たてよこ》両方揃《りょうほうそろ》って教えの機《はた》が成立《せいりつ》する。その緯糸《よこいと》の役《やく》が出口王仁三郎《でぐちおにさぶろう》という人《ひと》で経《たて》と緯《よこ》との両方の糸が揃《そろ》うて教えの機《はた》を織《お》って行《ゆ》くのであると教祖の筆先には書いてあるのであります。この経《たて》の役がこの「義《ぎ》」の役である。「義《ぎ》」というものは、一《ひと》すじのまことをずっと貫《つらぬ》いて行《ゆ》くのがこれが「義《ぎ》」であります。それから緯役《よこやく》というのはこれは織物《おりもの》の緯糸《よこいと》でも見ているとよくわかるの

大本教 教派神道の一つ。明治二十五年、出口なおが創始した。著者は大正八年に入信し、教団の幹部となった。本全集第三十二巻「自伝篇」中巻参照

出口直 天保七～大正七年。宮大工の妻だったが、自ら神憑りして大本教を創始。神の啓示とされる「お筆先」による世直しを説いた

お筆先 天理教・大本教などで、教祖が神憑りして啓示を受け、自ずと筆を動かして書いたとされる文章

枉げる 事実や道理をゆがめる

機 織物の総称

出口王仁三郎 明治四～昭和二十三年。大本教教主。出口家の養嗣子。機関誌『神霊界』に出口直の「お筆先」を判読した「大本神論」を発表。『霊界物語』を口述した

でありまして、右からひょっと、梭《ひ》が入《はい》ってそれがまた左から梭《ひ》が入って行《ゆ》く。それで糸が右へ行《ゆ》き左へ行《い》って色々交叉《いろいろこうさ》して行《い》って織物《おりもの》を織《お》るのでありますそれも時《とき》に応《おう》じて自由自在《じゆうじざい》でなければならないのです。経《たて》は真直《まっすぐ》でも緯糸《よこいと》のくぐり方《かた》で織物《おりもの》の模様《もよう》がスッカリ変《かわ》って行《ゆ》く。緯糸《よこいと》の潜《くぐ》らし方《かた》でそこに色々紋《もん》というものが織《お》られて行《ゆ》くのであります。ところが、経糸《たていと》がなくなって緯糸《よこいと》ばかりが右に走り、左に走り脱線《だっせん》していたら、糸は縺《もつ》れてしまって二進《にっち》も三進《さっち》も行《ゆ》かなくなるのです。ですから「義《ぎ》」の経役《たてやく》と、それから緯《よこ》の融通自在《ゆうずうじざい》の働《はたら》きと両方備《りょうほうそな》えていなければ本当《ほんとう》に生活《せいかつ》を自由自在に生きて行《ゆ》くということが出来《でき》ないのであります。

義《ぎ》に捉《とら》われるな

個人《こじん》個人に見ましても、個人個人この経《たて》の仕事《しごと》をする時と緯《よこ》の仕事をする

梭　はた織りの道具の名。舟形で、よこ糸を巻いた管をたて糸の間にくぐらせてよこ糸を通すもの

紋　織物の模様。あや

二進も三進も行かない　そろばんで二でも三でも割り切れずにやり繰りがつかないことから、行き詰まって身動きがとれないさま

頭注版㉚一六〇頁

時《とき》と両方《りょうほう》がこの調和《ちょうわ》して行《ゆ》かなければ、どうしても実際生活《じっさいせいかつ》が完全《かんぜん》に進行《しんこう》して行《ゆ》かないのであります。あまりにも「義《ただ》しい人《ひと》」というものは時として偏狭《へんきょう》に流れまして「調和」ということを失ってしまう。「こうでなければならない」という一《ひと》つの頑張《がんば》りになってしまって「柔和《にゅうわ》の結晶体《けっしょうたい》」が出来《でき》たり、「義《ぎ》の結晶体」が出来たりしまして、塊《かたまり》だけの棘立《とげだ》ったものになってしまう。こういうふうな状態《じょうたい》では本当《ほんとう》に「神の子」の自由自在《じゆうじざい》な実相《じっそう》を現《あらわ》すということが出来ないのであります。そうかといって、緯糸《よこいと》の自由自在な、方便《ほうべん》ばかりの出鱈目《でたらめ》なやり方《かた》に捉《とら》われてしまうと、ルーズになって「どうでも好《よ》いのだ、これが自由自在だ、女をひっかけて酒《さけ》を飲んでも、煙草《たばこ》を飲んでもどうしたって好《よ》いのだ、神様《かみさま》は自由自在だ」なんていうようになって来《く》ると、これは経糸《たていと》のない緯糸《よこいと》ばかりの織物《おりもの》みたいになってしまうのであります。緯糸《よこいと》ばかりの機《はた》ではこれは反物《たんもの》が織《お》られて行《ゆ》かない、又経糸《またたていと》ばかりの機《はた》でも反物《たんもの》が織られて行《ゆ》かないので、経糸《たていと》のしっかりした真直《まっすぐ》な一糸乱《いっしみだ》れ

偏狭　他を受け入れる度量が狭いこと

頑張り　自分の考えを押し通すこと

方便　ある目的のために便宜的に使う手段

ルーズ　行動や態度にしまりがないさま。だらしないさま

反物　和服用の織物

ないものが内面《ないめん》を貫《つらぬ》いていて、そこに緯糸《よこいと》が入《はい》って行《ゆ》かなければならない。ですから、皆《みな》さんも神は自由自在《じゆうじざい》である。人間《にんげん》も自由自在である。だからどんなルーズなことしたって好《よ》いのだというふうに崩《くず》れてしまわないで「幸《さい》福《わい》なるかな、義《ぎ》に飢《う》え渇《かわ》く者《もの》。その人《ひと》は飽《あ》くことを得《え》ん」とあるこの山上《さんじょう》の垂訓《すいくん》のように生活《せいかつ》の底《そこ》に、ずっとどこまでも、「義《ぎ》」の一《ひと》すじ道《みち》が筋立《すじだ》っていなければならないのであります。そこが難《むつ》かしい。「義《ぎ》」であると同時《どうじ》に「愛」である。峻厳《しゅんげん》であるかと思うと優《やさ》しい。まことに自由自在であって、出鱈目《でたらめ》のようであって出鱈目《でたらめ》でない生活にならなければならぬのであります。

「生長《せいちょう》の家《いえ》」の根本《こんぽん》教理《きょうり》では「人間は神の子である、生《い》き通《とお》しの仏《ほとけ》である」という。これが経《たて》の教理になっている。それから「三界《さんがい》は唯心《ゆいしん》の所現《しょげん》である」これが、緯《よこ》の教理になっているのであります。この「人間神の子である」ということの真理《しんり》の真直《まっすぐ》なところはどうしても枉《ま》げるわけに行《ゆ》かない。人

一すじ道　分かれ目がない一本に続いた道。一筋道

峻厳　非常にきびしいさま

教理　宗教や宗派の教えの体系

三界は唯心の所現　仏教語。一切衆生が輪廻する欲界・色界・無色界の三つの世界の全ての事象は心の現れであるということ

間は神の子である――どこまでもこれは久遠《くおん》を貫《つらぬ》く真理《しんり》であってもう正しい一点張《てんば》りである。その正しい一点張りを貫《つらぬ》き通《とお》すために、経糸《たていと》がずっと反物《たんもの》に貫《つらぬ》いている。経糸《たていと》は真直《まっすぐ》に神の子の神性《しんせい》を示現《じげん》して貫《つらぬ》いているけれども、横《よこ》の広がり、紋理《もんり》、模様《もよう》というものは「三界《さんがい》は唯心《ゆいしん》の所現《しょげん》」の理《り》によって出て来《く》るのであります。緯糸《よこいと》というものは経糸《たていと》を邪魔《じゃま》するためにあるのではなく、却《かえ》って経糸《たていと》がバラバラにならないで、纏《まと》まって一《ひと》つの具体的表現《ぐたいてきひょうげん》をなすために役立《やくだ》つのであります。

臨機応変対機説法《りんきおうへんたいきせっぽう》というのも、出鱈目《でたらめ》に相手《あいて》を言いくるめるためではなく、その人《ひと》を縦《たて》に貫く実相《じっそう》――神の子を、ハッキリと表《あらわ》してあげるための対機説法である。この人にはこういって上《あ》げた方《ほう》が好《よ》いであろうという時《とき》には、そういってあげたら好《よ》いと思うように私が話をする。或《あ》る場合《ばあい》には「先《せん》生《せい》私《わたくし》どうも病気《びょうき》で困《こま》っております。どうです医者《いしゃ》に掛《かか》ったらいいでしょうかわるいでしょうか。」なんていわれると、「ああ医者にお掛《かか》りなさいよ。」

久遠　永遠

示現　神仏が霊験を示し現すこと

紋理　表面にある模様やすじ

臨機応変　その場やその時の状況に応じて適切な対応をすること

対機説法　相手の素質や能力や立場に合わせた説き方

こういう工合《ぐあい》にいって上《あ》げる。その人《ひと》にはそれで好《よ》いのです。その人にはそれが好《よ》いのであって、又外《またほか》の人には又別《べつ》の返事《へんじ》をしてやるというふうになっておって、これは織物《おりもの》の梭《ひ》が右から糸が潜《くぐ》って行《ゆ》く時《とき》もあれば、左から糸が潜《くぐ》って行《ゆ》く時もあるのと同じである。しかしそれは一《ひと》つの織物《おりもの》をしっかり織《お》り上《あ》げて行《ゆ》くためであって出鱈目《でたらめ》を言って経糸《たていと》を壊《こわ》して行《ゆ》く為《ため》ではないのです。その人の経《たて》に、ずっと貫《つらぬ》いている生命《せいめい》を生かす為《ため》に緯《よこ》の色々《いろいろ》の説《と》き方《かた》があるということになるのであります。しかし、どうしてもこの「義《ぎ》」の経糸《たていと》というものを貫《つらぬ》き通《とお》す念願《ねんがん》を捨《す》ててしまってはならない、経糸《たていと》の貫きを切ってしまって、経糸《たていと》がバラバラになってしまった時には、もう吾々《われわれ》の生活《せいかつ》という反物《たんもの》はどうしても成《な》り立《た》たないのであります。緯糸《よこいと》の方《ほう》はちょっと位脱《くらいぬ》けておっても反物《たんもの》は成り立つのでありまして、ちょっとここは糸が引けているなというところがあっても、やはり着物《きもの》は着られる。けれども経糸《たていと》がすっと引けておったら、そこから反物《たんもの》が折れてしまって破《やぶ》れてしまって駄目《だめ》になります。そんなわけでどうしてもこの経《たて》の作用《さよう》であるところの「義《ぎ》」を貫《つらぬ》き通《とお》そうという心がなくてはならない。それで「幸福《さいわい》なるかな、義《ぎ》に飢《う》え渇《かわ》く者《もの》。その人《ひと》は飽《あ》くことを得《え》ん」とここにありますように、どこどこまでもこの「義《ぎ》」というものを貫いて行《ゆ》こうという心がなければいけないのであります。

憐《あわ》れみある者

○幸福《さいわい》なるかな、憐憫《あわれみ》ある者。その人は憐憫《あわれみ》を得《え》ん。

憐憫《あわれみ》といいますのは「生長《せいちょう》の家《いえ》」でよくいいますところの「自他一体《じたいったい》の感《かん》じ」であります。吾々《われわれ》が、我《われ》と彼《かれ》とは本来一体《ほんらいいったい》であるという自覚《じかく》から、この憐憫《あわれみ》の感じというものが起《おこ》って来るのであります。

頭注版㉚一六三頁

幸福なるかな、憐憫ある者。…『新約聖書』「マタイ伝」第五章七節

例《たと》えば小鳥《ことり》が啼《な》いている、その小鳥が可愛《かわい》いという感《かん》じが起《おこ》って来るというわけはどうして起《おこ》って来るのであるかと申《もう》しますと、小鳥の「生命《せいめい》」と自《じ》分《ぶん》の「生命《せいめい》」とが同じものであるから、その響《ひびき》が伝《つたわ》って来るわけであります。小鳥の生命《せいめい》と吾々《われわれ》の「生命《せいめい》」とが別々《べつべつ》のものであって振動数《しんどうすう》が違《ちが》っているというのだったら、どうしても吾々《われわれ》は小鳥の喜《よろこ》びというものをいくら眺《なが》めてみましても自分《じぶん》の心に感ずることが出来《でき》ないわけであります。ところが小鳥の生命《せいめい》の中《なか》に響《ひび》いている喜びのメロディというものが吾々《われわれ》の心に共感《きょうかん》を起《おこ》す、共鳴《きょうめい》を起《おこ》す、それは小鳥の中《なか》に生きている「生命《せいめい》」と自分の生命《せいめい》とが本来一《ほんらいひと》つであるからなのであります。つまり、自分の心の通《とお》りのものが小鳥の生命《せいめい》の中《なか》にあるからそれをそのまま感ずるわけであります。それで小鳥が悲しそうにしておればやはりそれを見る人《ひと》も悲しい、小鳥が楽しそうにしておれば見る人の心も楽しい。況《いわ》んや、人間同士《にんげんどうし》であれば、人間が哀《あわ》れな姿《すがた》をしておれば、それを見る人も「ああ可哀相《かわいそう》だ」という気持《きもち》が起《おこ》って来るの

共鳴 現在の約四万～六万円に相当する

況んや まして

時《とき》は当然《とうぜん》のことであります。この「ああ、可哀相《かわいそう》だ」という心持《こころもち》が起《おこ》った時に、初《はじ》めて神の生命《せいめい》が自分《じぶん》に生きているということになるのであります。神とは何《なん》であるかと言うと「神とは渾《す》てである」と「生長《せいちょう》の家《いえ》」では言っております。神とは渾《すべ》てである。渾《すべ》てのものは神から出たのであるから、神は渾《すべ》てである。渾《すべ》てという言葉を言《い》い換《か》えると「自他一体《じたいったい》」である。自分も他《た》もない、すっかり一切《いっさい》を包括《ほうかつ》し包含《ほうがん》したものが、これが神であるということになるのであります。それで、自分と他《た》と一切を包含した「自他一体」の感《かん》じが自分の中に起《おこ》って来たという時《とき》に自分の中《なか》に神が動き出して来たということになるのであります。

渾て　みんなひっくるめて。すっかり。まったく
包括　さまざまな物事をひっくるめて一つにまとめること
包含　その中につつみ含むこと

幸福《こうふく》になる道《みち》

頭注版㉚一六五頁

世間《せけん》にはよく「自分は非常《ひじょう》に幸福であるべきはずであって、環境《かんきょう》も良《よ》け

れば金《かね》もあれば気楽《きらく》であるけれども、どうしても幸福《こうふく》な感《かん》じがしません」というふうな人《ひと》があります。そういう人はこの自他一体《じたいったい》の感じというものが欠《か》けている。或《あるい》は少し位《くらい》あっても、それを生活《せいかつ》に生かさないのです。自他一体の感じを実際《じっさい》に生きるということをしない人は本当《ほんとう》に生活の喜《よろこ》びというものを味《あじ》わうことが出来《でき》ないのであります。他《ひと》の為《ため》に自分《じぶん》が生きる。他《ひと》の為《ため》に尽《つく》すという心持《こころもち》が起《おこ》って来た時《とき》に初《はじ》めて、吾々《われわれ》は実際《じっさい》に生きた喜びというものを感ずるのです。この生きた喜び「自他一体の感じ」というものだけが人間《にんげん》にとっての本当の喜びなのであります。何故《なぜ》なら「人間」の実相《じっそう》は自他一体だからであります。吾々《われわれ》がこの着物《きもの》を一枚《まい》着るにしましても、自分だけがどんな立派《りっぱ》な着物を着ておっても、外《ほか》の人が「これは立派《りっぱ》である」と認《みと》めてくれなければ本当に喜びというものを感ずることが出来ないのです。自分だけが立派《りっぱ》だと思うておったらそれでいいじゃないか、とこういうふうに考える人もあるかも知れませんけれども、実際はそうじゃないのです。人間というものは孤立《こりつ》した一《ひと》つのものじゃない、みんな神から出た兄弟達《きょうだいたち》であって、神に於《お》いて一つであるから、一つであるという事実《じじつ》、自分《じぶん》と他《た》とは同じで、自他一体《じたいったい》が共通《きょうつう》の存在《そんざい》である。だから自分の喜《よろこ》びが他《た》の人《ひと》の喜びとなり、賞讃《しょうさん》となって移《うつ》って行《ゆ》く時《とき》に、初《はじ》めて自他一体の全人《ぜんじん》を包括《ほうかつ》した神というものの喜びが自分の心に湧《わ》いて来るのです。それでどんな美しい着物《きもの》を着ても人が「ああ、あんな良《よ》い着物を着ていらっしゃる、ようお似合《にあ》いですな」というふうなことをいってくれなければ、何《なん》だか淋《さび》しくてちっとも有難《ありがた》くないのであります。

霊界《れいかい》にも働《はたら》く心の法則《ほうそく》

かつて私が関東大震災《かんとうだいしんさい》以前《いぜん》にマッケンジーという当時《とうじ》ロンドン心霊大学《しんれいだいがく》の学長《がくちょう》をしておられた人の『スピリット・インターコース』(幽明《ゆうめい》の交通《こうつう》)とい

頭注版㉚一六六頁

関東大震災　大正十二年九月一日、神奈川県相模湾北西沖を震源として発生した大地震。死者、行方不明者は十万人を超えた

マッケンジー　一八六九～一九二九年。スコットランド生まれの心霊研究家

ロンドン心霊大学　一九二〇年にマッケンジー夫妻によって設立された心霊研究のための施設。本全集第十六巻「霊界篇」上巻参照

『スピリット・インターコース』"Spirit Intercourse, its Theory and Practice." 著者は『幽明の交通』と題して翻訳出版する予定であったが、預けた原稿が関東大震災で焼失した。本全集第三十三巻「自伝篇」下巻第七章参照

う本を読みましたら、その中《なか》に霊界《れいかい》の消息《しょうそく》が書いてありましてこういう話がありました。それはネルさんという外国婦人《がいこくふじん》の霊魂《れいこん》が霊界へ入《はい》って行《い》った時《とき》の記録《きろく》であります。別《べつ》にこの世界《せかい》に生きている間《あいだ》に大《たい》してわるいこともしない霊魂である。唯虚栄心《ただきょえいしん》の強いお虚飾《しゃれ》な霊魂である、良《よ》い着物《きもの》を着ること、それが楽しみであるというふうな霊魂で、生前別段《せいぜんべつだん》人を苦しめたわけではない、ただ美しい着物を着たいというふうな気持《きもち》のほかは普通《ふつう》な生活《せいかつ》を送っておった婦人の霊魂が霊界へ入《はい》って行《い》った時《とき》の状態《じょうたい》がそれに書いてあったのであります。その霊魂の霊界の消息に依《よ》りますと、やはり霊界は生長《せいちょう》の家《いえ》で説《と》く通《とお》り「類《るい》は類を招《よ》ぶ」或《あるい》は「類を以《もっ》て集《あつま》る」という心の法則《ほうそく》によって類似《るいじ》の波《なみ》が同じところに相牽引《あいけんいん》して集《あつま》っておるのです。どんな処《ところ》に、どういうふうに集《あつま》っているかと申《もう》しますと、非常《ひじょう》に立派《りっぱ》なホールがあって鏡《かがみ》が壁一杯《かべいっぱい》に嵌込《はめこ》んである。そのホールには衣裳箪笥《いしょうだんす》が一杯並《いっぱいなら》んでいるのだそうです。そういう光景《こうけい》の霊界が、三界《さんがい》は唯心所現《ゆいしんしょげん》の法則で出来《でき》ている。そこ

消息　様子や動静や事情

虚栄心　外面だけをよく見せかけようと思う気持ち

虚飾（きょしょく）　うわべだけを飾ること

「類は類を招ぶ」　波長の合うもの、似通ったものは自然と寄り集まること

牽引　引き合う。引き寄せる

でネルさんといわれる婦人《ふじん》の霊魂《れいこん》が、着物《きもの》を着換《きか》えるのです。その部屋《へや》にはあちらでもこちらでも、お洒落《しゃれ》な、虚栄心《きょえいしん》の強い婦人達《ふじんたち》の霊魂が、着物を着換えて夜会《やかい》とか音楽会《おんがくかい》とかへ出掛《でか》けて行《ゆ》くのであります。けれども「類《るい》を以《もっ》て集《あつま》る」という法則《ほうそく》に従《したが》って、「私の着物は良《よ》いでしょう」と、人《ひと》に見て欲《ほ》しい賞《ほ》めて欲しいとのみ考えているような霊魂達《れいこんたち》ばかりで「あなたの着物は美しいですね」と、他《ひと》のことを賞《ほ》めてやるような愛他的《あいたてき》な霊魂《れいこん》は一人《ひとり》もいない。誰《たれ》に遇《あ》っても「私の着物はよく似合《にあ》うでしょう」というのだそうです。

あちらからもこちらからも、「どうです、私のこの衣裳《いしょう》は大変《たいへん》美しいでしょう」という。また人に逢《あ》うと、今度《こんど》は向《むこ》うから賞《ほ》めてくれるかと思っていると、ちっとも賞《ほ》めてくれないので、又々《またまた》「私の衣裳はよく似合うでしょう。これは最新流行《さいしんりゅうこう》の何《なん》とかでありまして」などという。幾度《いくたび》人に会《あ》っても、ちっとも賞《ほ》めてくれないために、こういう自分《じぶん》ばかり賞《ほ》めて欲しい生活《せいかつ》というものは、実《じつ》につまらないなということを、自然《しぜん》とその霊魂が自得《じとく》してく

夜会　夜に開かれる社交のための宴会

愛他的　自己の損得にかかわらず、他者の利益や幸福を優先すること

自得　自分自身で理解して会得すること

る。こういう利己主義《りこしゅぎ》の生活《せいかつ》というものは結局《けっきょく》はいくら良《よ》い着物《きもの》を着ても楽しいものでないのだ。自分《じぶん》と他《た》と一《ひと》つであって、他《た》の喜《よろこ》びを自分の喜びとする生活でなければ本当《ほんとう》の喜びというものはないのだ、又《また》自分が他人《たにん》を喜ばして上《あ》げるのでなければ本当の喜びというものはないのだ、ということに気が附《つ》く。そうしてその霊魂の心境《しんきょう》が一変《いっぺん》すると、霊魂の体《たい》の振動数《しんどうすう》が変《かわ》って、もう一段上《だんうえ》の霊界《れいかい》から案内者《あんないしゃ》たる霊魂が、天《てん》の使《つかい》みたいな恰好《かっこう》で降《お》りて来《き》て、一段上《うえ》の霊界へ連れて行《い》ってくれたという話が書いてありました。

本当の歓《よろこ》びは利己主義では得《え》られぬ

頭注版㉚一六八頁

この話に現《あらわ》れています通《とお》り、本当の喜びというものは利己主義からはどうしても得《え》られないのです。喜びというものは、必《かなら》ず自《じ》と他《た》とひとつに結ばれた時初《ときはじ》めてあるのです。いくら百万円《まんえん》の富《とみ》があり千万円の富があり、ありと

百万円　現在の約二十億～三十億円。昭和初期の一円は現在の二千～三千円に相当する

千万円　現在の約二百億～三百億円

あらゆる美身調度品《びしんちょうどひん》が並《なら》んでおりましても、吾々《われわれ》はやはり淋《さび》しくてそこには喜《よろこ》びはないけれども、どんな貧《まず》しいところにおっても自《じ》と他《た》と一《ひと》つに調和《ちょうわ》して結ばれて、そこに結びの間《あいだ》に神というものが実現《じつげん》するところに喜びが出て来るのであります。

『生命《せいめい》の實相《じっそう》』にも「生長《せいちょう》の家《いえ》」の生《い》き方《かた》の中《なか》にそれと同じことが書いてあって、或《あ》る王子《おうじ》が非常《ひじょう》に豊《ゆた》かな状態《じょうたい》であったけれども楽しくなかったために、それで王様《おうさま》が私の王子をどうしたら楽しくすることが出来《でき》るかというので、国中《くにじゅう》に布令《ふれ》を出してこの王子を楽しくする方法《ほうほう》を申告《しんこく》した者《もの》にはどれだけの褒美《ほうび》でも与えるというふうにしたところが或《あ》る魔法使《まほうつかい》がやってきて、一枚《まい》の紙を示してこの紙を炙《あぶ》り出《だ》してごらんなさい、そこに方法が書いてある。そうして炙《あぶ》り出《だ》しの紙を火の上で炙《あぶ》ってみると何《なに》が出て来たかというと「一日《にち》一回《かい》必《かなら》ず人《ひと》に深切《しんせつ》にせよ」こう書いてあった。それからその通《とお》りやったら急《きゅう》に王子の心に喜びが起《おこ》って来て顔色《かおいろ》も良《よ》くなり元気《げんき》になってき

美身調度品　身体を美しくするために日常的に用いる道具類

「生長の家」の生き方　本全集第十二・十三巻「生活篇」参照

たというふうなことが書いてありましたが、つまりあれであります。結局《けっきょく》自分《じぶん》の幸福《こうふく》というものは自分にあるんじゃない、自分と他《た》と繋《つな》がるところにあるのです。監獄《かんごく》なんかに放《ほう》り込《こ》まれて我々《われわれ》が苦しむというのは必《かなら》ずしも監獄の懲役《ちょうえき》が苦しいばかりじゃないのでありまして、みんなと疎隔《そかく》されてしまって隔《へだ》てられて幽閉《ゆうへい》されるから自他一体《じたいったい》の実相《じっそう》があらわれないので、監獄は苦しいところであるというふうになるのであります。監獄へ入《はい》っても書籍《しょせき》でも差入《さしい》れてもらって読んでおれば、本の中《なか》にある生命《せいめい》と自分とが一《ひと》つになるから、ちっとも苦しくない。中《なか》には「監獄は勉強《べんきょう》するのに都合《つごう》が好《よ》い」というふうな人《ひと》も出て来るのであります。要《よう》するに吾々《われわれ》の苦しみというものは自《じ》と他《た》とわかれておるところにあるので、自と他と一つになるところにのみ幸福がある。「自と他と一つ」これが「神」なのです。「神」の世界《せかい》には唯《ただ》幸福ばかりが、喜《よろこ》びばかりがあるのであります。

憐憫《あわれみ》の感《かん》じというものは自他一体の感じでありまして、吾《われ》と彼《かれ》と一体《いったい》の感

監獄　拘置所や刑務所等の旧称。平成十八年の監獄法改正により、刑事施設と呼ばれるようになった
懲役　裁判の判決によって罪人を刑務所に拘置し、一定の労役につかせること
疎隔　親近感を失わせて隔てること
幽閉　とじこめて外に出さないこと

じがあればこそ、彼《かれ》の苦しみを見て憐《あわ》れだと思うのであります。他《た》に対《たい》して憐憫《あわれみ》の感《かん》じを持っておれば自分《じぶん》もまた神さまから憐《あわ》れまれる——言《い》い換《か》えると神さまの方《ほう》から吾々《われわれ》に対《たい》して自他一体《じたいったい》の観念《かんねん》を持たれるのであります。すなわち神我一体《しんがいったい》と言う広々《ひろびろ》とした感じがそこに現《あらわ》れて来るのであります。そうすると喜《よろこ》びは湧《わ》き出《で》て来《く》るし、又無限《またむげん》の供給《きょうきゅう》も自然《しぜん》と湧き出て来るのであります。神と一《ひと》つである、神は渾《すべ》てであるから、総《すべ》ての富《とみ》はみな神の掌中《しょうちゅう》にあるわけであって、神と一つとなるところに、どんな不幸《ふこう》もどんな貧乏《びんぼう》も無《な》いというわけであります。

掌中　手のひらの中。思い通りにできる範囲

神と繋《つな》がる所《ところ》に無限供給《むげんきょうきゅう》はある

頭注版㉚一七〇頁

実際生活《じっさいせいかつ》の上《うえ》で、職業《しょくぎょう》に就《つ》いておられる人《ひと》でも、月給《げっきゅう》を得《え》よう、月給を得《う》るために働《はたら》こうというような考えで働いておられる場合《ばあい》にはこれは利己主《りこしゅ》

義《ぎ》であって、「他人《たにん》を喜《よろこ》ばそう、この使命《しめい》を果《はた》して人類《じんるい》を益《えき》するように」というふうな意味《いみ》で働《はたら》いている場合《ばあい》には、これは自他一体《じたいったい》の観念《かんねん》で働いていることなのです。自分《じぶん》と他《た》と一《ひと》つ――自他一体の神様《かみさま》がそこに生きていて働いているということになる。そこから無限《むげん》の供給《きょうきゅう》というものがまた開《ひら》けて来るのであります。ところが自分が給料《きゅうりょう》を欲《ほ》しいと思って仕事《しごと》をして、まア仕事は方便《ほうべん》であって目的《もくてき》は自分が給料をなるべく余計貰《よけいもら》うにあるというのが普通《ふつう》の考えになっていますが、これは我利主義《がりしゅぎ》で働いているから本当《ほんとう》の喜《よろこ》びというものは、得《え》られようがないのです。ですから、そういう人《ひと》は仕事をしながら常《つね》に不平《ふへい》ばかり、外《ほか》の社員《しゃいん》と月給を比べてみたり、或《あるい》は「外《ほか》の社員はこれ位《くらい》働いておる、あの率《りつ》で行《ゆ》けば、自分はもう二十円位《えんくらい》余計貰うのが当《あた》り前《まえ》であるのに、実際《じっさい》の給料は二十円少《すく》い、馬鹿《ばか》らしい」というふうな気持《きもち》になって怠《なま》ける。怠けると、あいつどうも怠けて仕方《しかた》がない奴《やつ》だから、月給を昇給《あげ》てやろうと思ったけれども、昇給《しょうきゅう》を見合《みあ》わそうというふうな状態《じょうたい》に

我利主義　自分の利益ばかりを追い求める立場

二十円　現在の約四万円～六万円に相当する

なる。ところがこの仕事《しごと》は、この会社全体《かいしゃぜんたい》のためである、人類全体《じんるいぜんたい》のためであるというように、この自他一体《じたいったい》を生かす働《はたら》きが出来《でき》てくるという時《とき》には、そこに働く自身仕事自体《じしんしごとじたい》にも喜《よろこ》びが出て来る。それだけではなく、神と繋《つな》がるのですから、(自他一体の繋《つながり》ということは神と繋《つな》がることである)神と繋《つな》がるところに無限供給《むげんきょうきゅう》の出て来るのは当然《とうぜん》であって、「あんなに一所懸命《いっしょけんめい》にやっておられるのだから、あれはこの店《みせ》のためにもなるから、来半期《らいはんき》から月給《げっきゅう》を上《あ》げなくちゃらない」とか「ボーナスを余計《よけい》やろう」とか、色々《いろいろ》そういう好《よ》い話に向いて来るのであります。常《つね》に自分《じぶん》のため自分のためと思っている人《ひと》は、仕事そのものに興味《きょうみ》を感《かん》ずることが出来ないし、不平心《ふへいごころ》も起《おこ》って来ますから、仕事の能率《のうりつ》も低下《ていか》して来《き》、無限《むげん》の供給《きょうきゅう》もだんだん狭《せば》まって来て、益々《ますます》自分が貧《まず》しく苦しくなってくるのであります。即《すなわ》ち憐憫《あわれみ》なき人は神からの憐憫《あわれみ》を得《え》ていないということになるのであります。「幸福《さいわい》なるかな、憐憫《あわれみ》ある者《もの》。その人は憐憫《あわれみ》を得《え》ん」というのはこういうように自他一体の心こそ神様《かみさま》から愛せられて無限《むげん》の供給《きょうきゅう》がそこに出て来るのであるという意味《いみ》であります。

心の清《きよ》き者《もの》

○幸福《さいわい》なるかな、心の清き者。その人《ひと》は神を見ん。

この「心の清きもの」というのは色々《いろいろ》な意味にも解《かい》せられますが、要《よう》するにここでは罪《つみ》がないこと、心の中《なか》に罪のない人が心が清いのであります。この章句《しょうく》の「清い」は、正義《せいぎ》というふうな意味の清廉潔白《せいれんけっぱく》というようなことではなさそうであります。ここで「心の清き者」というのは、我《が》というものがスッカリ無《な》い、何《なん》の我《が》もない清純《せいじゅん》な清らかな心の人という意味であります。そういう人は神を観《み》るのであります。生長《せいちょう》の家《いえ》に入《はい》って来られても自《じ》

頭注版㉚一七二頁

幸福なるかな、心の清き者。…『新約聖書』「マタイ伝」第五章八節

清廉潔白 清らかで私欲がなく、うしろめたいことがないこと

清純 心が清らかでけがれのないこと

分《ぶん》の心の中《なか》に今《いま》まで何《なに》か摑《つか》んでおられる人《ひと》はなかなか素直《すなお》に神を観《み》ることが出来《でき》ないのです。神を観《み》ると言っても眼《め》で観《み》るとは決まっていないのであります。中《なか》には、霊眼《れいがん》という第《だい》六感《かん》の眼《め》を開《ひら》いて、眼《め》を閉《と》じても眼《め》を開いても神の相《すがた》が見える人もあるのでありますけれども、必《かなら》ずしもそんなことが神を観《み》るのではないのであります。神を観《み》るというのは、自分《じぶん》の中《なか》に神を観《み》る、自分の心の中《なか》に神を体験《たいけん》するということであります。自分の心の中《なか》で神を体験するには、どうしても先入観念《せんにゅうかんねん》、自分考《じぶんかんが》えというものを先《ま》ず捨《す》てなければならない。吾々《われわれ》はどんな美味《おい》しいものを与えられても、口の中《なか》に何《なに》かを頬《ほお》張《ば》っていてはその美味《おい》しいものを食べるわけに行《ゆ》かないのです。ですから、教《おし》えを聴《き》くという場合《ばあい》にはすっかり心の塵《ちり》を捨ててしまってからっぽになって、この（机上《きじょう》のコップを示す）からっぽのコップみたいになってしまって、そうしてコップの中《なか》に水を入れたらからっぽであるから、こう（フラスコから水を注《そそ》いで示す）入《はい》る。それと同じで、この中《なか》へ濁《にご》った水を入《い》れてお

第六感　人間の五官とは別の霊的感覚。インスピレーション

フラスコ　首の部分の長いガラス製の徳利や酒瓶、水注し

いてそうして又《また》、こう（水を注《そそ》ぐ恰好《かっこう》をする）清《きよ》らかな水を入れても、その清らかな水が入《はい》らないのです。ちょっと位《くらい》は入《はい》るかも知れませんけれども、底《そこ》の方《ほう》に濁《にご》った水がありましては、上から清らかな水を注《そそ》いでもその大半《たいはん》は流れ出てしまって、下《した》の方《ほう》の濁りを清めるわけに行《ゆ》かないのであります。

先入観念《せんにゅうかんねん》を捨《す》てよ

こないだ七尾《ななお》へ講演《こうえん》に行《ゆ》きましたら、その序《ついで》に和倉温泉《わくらおんせん》という所《ところ》に行《ゆ》きました。そしたら和倉《わくら》の温泉《おんせん》が大変《たいへん》ぬるいのです。一杯湯《いっぱいゆ》があって、熱々《あつあつ》の湯が上《うえ》にある栓《コック》から出て来るようになっている。いくら上の栓《コック》からこの熱い湯を入れても、いくら経《た》ってもぬるいのです。どんどん熱い湯を入れているのだけれども、どうしても熱くならない。どうしてこんなに熱くならないのかと考えてみますと、温《ぬる》い湯が既《すで》に一杯《いっぱい》はいっているから、その上、その上と

頭注版㉚一七三頁

七尾 石川県能登地方の中心都市。昭和十四年まで町。現在は市となっている。立教間もない昭和九年に住吉在住の著者が地方の信徒の求めに応じて巡錫した町の一つ。本全集第九巻「聖霊篇」中巻第四章等参照

和倉温泉 石川県七尾市にある温泉

新しい熱《あつ》い湯《ゆ》を注《そそ》いでも、流れ出るのはその熱い湯ばかりであったのでありますす。むしろああいう場合《ばあい》には、一遍《いっぺん》、勿体《もったい》なくとも前《まえ》から溜《たま》っている温《ぬる》い湯を思い切って捨《す》ててから、新しい湯を注《そそ》ぎ込《こ》んだら好《よ》いのでありました。

この和倉《わくら》の温泉《おんせん》と同じように、吾々《われわれ》が真理《しんり》を知るのも、一杯《いっぱい》色《いろ》んな先入《せんにゅう》観念《かんねん》を入れておいて、その上《うえ》から新しい真理を注込《つぎこ》んでは駄目《だめ》であります。やはりからっぽにしておいてそうして注込《つぎこ》むことにしなければならないのです。自分《じぶん》の持っているものが一番《ばん》いいのだというふうな先入観念をもっている人《ひと》には、こちらからどんな良《よ》い真理を与えても駄目《だめ》であります。

美味《おい》しいものを出されてもお腹《なか》が一杯《いっぱい》で飽満《ほうまん》している時《とき》にはどんな美味《おい》しいものも味がわからない。「まずい、こんなまずい鮨《すし》はない」と思っても、その鮨《すし》を腹《はら》の減《へ》っている時に食べたら「本当《ほんとう》においしい鮨《すし》であった」ということがわかるようなもので、そういうふうに自分の先入観念を捨て心の塵《ちり》を捨てて清《きよ》らかになって「生命《せいめい》の実相《じっそう》」の教《おし》えを聞いた時に、初《はじ》めて実相とい

飽満　飽きるほど食べて満腹すること

うものがわかる。こういう意味《いみ》が「心の清《きよ》き者《もの》、その人《ひと》は神を見ん」というわけであります。

平和《へいわ》ならしむる者

○幸福《さいわい》なるかな、平和ならしむる者。その人は神の子と称《とな》えられん。

これは自分《じぶん》が平和であるだけでなしに「他人《ひと》をして平和ならしむる者、その者こそ本当《ほんとう》に神の子だ」という意味《いみ》であります。吾々《われわれ》が先《ま》ず「生命《せいめい》の実相《じっそう》」の教《おし》えを受けて——「生命《せいめい》の実相」の教えに限《かぎ》らず、総《すべ》ての宗教《しゅうきょう》の教えを受けて、自分の心が本当に平和を得《え》たならばそれで足れりとして、自分はこれで好《よ》いのだと、そう考えているようなことでは本当の神の子でないのであります。自分が真理《しんり》を知り、それによって救《すく》われたならば、人をもま

頭注版㉚一七五頁

幸福なるかな、平和ならしむる者。…『新約聖書』「マタイ伝」第五章九節

た、平和《へいわ》ならしむるため動き出さなければならないのであります。天理教《てんりきょう》でも「人《ひと》を助けて我《わ》が身《み》助かる」などと言うそうでありますが、自分《じぶん》が助かろうと思ったら、先《ま》ず人を助けなければならない。この教《おし》えはまた、天理教が自分の教えを拡《ひろ》げる武器《ぶき》として使っておりまして、病気《びょうき》が治《なお》りたければ他《ひ》人《と》に天理教を弘《ひろ》めたら治《なお》るのだというふうな説《と》き方《かた》をして、病人《びょうにん》を鞭撻《べんたつ》して、そうして自分の教えを弘《ひろ》める方便《ほうべん》に使っておりますけれども、そこにもやはり幾分《いくぶん》の真理《しんり》があるのであります。そういうふうに他《ひと》のためにすると、病気は治《なお》るのが当《あた》り前《まえ》なのです。つまり、他《ひと》の為《た》め、他《ひと》の為《た》め、他《ひと》を幸福《こうふく》に平和にしてあげようと思って働《はたら》くところには、自分の我執《がしゅう》がとれ、自分が神の子なるの実相《じっそう》が現《あらわ》れて来るのであります。

自分ばかり悟《さと》ったからこれで好《よ》い、自分は神の子である、他《ひと》のことなどどうでも好《よ》いと思っておるようなことでは、それは神の子の偽存在《にせもの》、利己《りこ》主義者《しゅぎしゃ》である。他《ひと》を本当《ほんとう》に喜《よろこ》びに導《みちび》き、平和に赴《おもむ》かせるところに神の子たる

鞭撻　むち打つように強く励ますこと

我執　自分の考えにとらわれること。我を張り通すこと

本領《ほんりょう》が出て来るのであります。神は渾《すべ》てであるから、自他一体《じたいったい》である。自他一体の働《はたら》きが出来《でき》なければ神の子とは称《とな》えられない。自他一体の働きが出て来た時《とき》に初《はじ》めて神の子と称《とな》えられるのであるということはどこの教《おし》えでもみな同じでありまして、それがここに書いてあるのであります。

義《ぎ》の為《ため》に責《せ》められたる者《もの》

○幸福《さいわい》なるかな、義《ぎ》のために責められたる者。天国《てんごく》はその人《ひと》のものなり。我《わ》がために人、なんじらを罵《ののし》りまた責め、詐《いつわ》りて各様《さまざま》の悪《あ》しきことを言うときは、汝《なんじ》ら幸福《さいわい》なり。喜《よろこ》び喜べ、天《てん》にて汝らの報《むくい》は大《おおい》なり。汝等《なんじら》より前《さき》にありし預言者達《よげんしゃたち》をも、斯《か》く責めたりき。

「幸福《さいわい》なるかな、義《ぎ》のために責められたる者。天国はその人のものなり」こ

本領　その人の備えているすぐれた才能や特質。得意とするところ

頭注版㉚一七六頁

幸福なるかな、義のために…　『新約聖書』「マタイ伝」第五章一〇～一二節

詐る　うそを言って人をだます。あざむく

預言者　霊感を得て神の意思を告げる者。特に、古代イスラエル民族に現れた宗教的指導者

れはイエスの生きておられた時代《じだい》にイエスの福音《ふくいん》を宣伝《せんでん》した者《もの》が迫害《はくがい》を受けることになっている事《こと》をイエスが予見《よけん》して、こういうことをお話しになったわけであります。神の道《みち》を弘《ひろ》めるために、義《ただ》しき道を宣《の》べ伝《つた》えるために責《せ》められることは——当時《とうじ》ではイエスの教《おし》えを弘《ひろ》めることは、あまりにも新しい教えを弘《ひろ》めることであるから、周囲《しゅうい》から迫害されるのは当然《とうぜん》のことであるということを予知《よち》せられまして、そういう場合《ばあい》にも「わしは神様《かみさま》のために働《はたら》いているのに、こんなに苦難《くなん》を受けるのは神様のお守りがないのであるか」と神の救《すく》いを疑《うたが》うことなく、苦難を受ければ受ける程《ほど》、熱心《ねっしん》に教えを弘《ひろ》めようということを説《と》いておられるのであります。

今《いま》まで大抵《たいてい》の宗教《しゅうきょう》には、「法難《ほうなん》」というものがあった。一《ひと》つの新しい宗教の出て来るのは、在来《ざいらい》の教えに不満足《ふまんぞく》な点《てん》があるからで、それが新しい限《かぎ》りに於《おい》て、在来と変《かわ》っているものが出て来たのであります。生長《せいちょう》の家《いえ》にしましても、「本を読んで病気《びょうき》が治《なお》る」という奇蹟《きせき》だけでも、これ既《すで》に普通《ふつう》の

福音　キリスト教でイエス・キリストによってもたらされた喜びの訪れ。救済の知らせ
予見　物事の起こる前に、あらかじめ知ること。予知

法難　仏教語。仏法や、仏教を広める者に対する迫害。ここでは、他の教えにも言う

常識《じょうしき》には無《な》い新しいことである。大抵《たいてい》の人《ひと》は「本を読んで病気《びょうき》が治《なお》る」というと、これはインチキである。そんな馬鹿《ばか》なことがあるものかとこういう具合《ぐあい》に言われる。そうすると「あいつはインチキである。一《ひと》つやっつけてやれ」ということにもなって、色々生長《いろいろせいちょう》の家《いえ》の悪口《あっこう》を言う。パンフレットなどを出して、その悪口《あっこう》を言うお蔭《かげ》で金儲《かねもう》けをしている人《ひと》もあるのであります（笑声《しょうせい》）。つまり今迄《いままで》普通《ふつう》の常識で認《みと》められた以上《いじょう》のものが出て来た時《とき》には、普通の常識が、それを当《あた》り前《まえ》だと認めるまではそれのよさがわからないのであります。

本当《ほんとう》の味《あじ》は慣《な》れて来なければ判《わか》らぬ

日本《にっぽん》へ初《はじ》めて西洋人《せいようじん》が入《はい》って来たという時に、西洋人の立体的《りったいてき》なギリシアの彫刻《ちょうこく》のような顔《かお》というものは、美的見地《びてきけんち》から見ると、日本人《にっぽんじん》に劣《おと》らぬ

頭注版㉚一七八頁

美しい相《すがた》であるに違《ちが》いないのですけれども、あの茶色《ちゃいろ》の髪《かみ》の毛《け》をして鼻《はな》の尖《とが》った、顔《かお》の桜色《さくらいろ》みたいな赤さの、酔漢《よっぱらい》みたような顔の人《ひと》が入《はい》って来た時《とき》には、あれは何《なに》か大江山《おおえやま》の酒呑童子《しゅてんどうじ》でもやって来たように思い、どうもその顔が美しく感《かん》ぜられなかった。悪魔《あくま》でも入《はい》って来たように感じた。それは吾々《われわれ》の心が慣《な》れていないからどうしても調和《ちょうわ》を感じなかったのであります。ところがだんだん西洋人《せいようじん》と附合《つきあ》っていると、西洋人も中々良《なかなかよ》い性質《せいしつ》を持っていて、顔だって西洋人の顔はなかなか平凡《へいぼん》でなくて彫刻的《ちょうこくてき》な美しい顔をしているということもわかって来たのであります。又裸体画《またらたいが》というふうなものでも、初《はじ》めて日本《にっぽん》へ入《はい》って来た時には実《じつ》に淫《みだ》らな画《え》であると考えられておった。展覧会《てんらんかい》なんかにでも全裸体画《ぜんらたいが》を出品《しゅっぴん》するというようなことは風俗壊乱《ふうぞくかいらん》として問題《もんだい》になったこともあったのであります。ところが今《いま》ではその裸体画の像《ぞう》がちゃんと展覧会に並《なら》べられて、どんな人が見ても少しも奇異《きい》と感じないのです。それでいて別段淫猥《べつだんいんわい》な感じを受けるわけではなしに、そこに人体《じんたい》

大江山の酒呑童子 丹波の大江山に住んでいたという伝説上の鬼の頭目。勅命により、源頼光が四天王を率いて退治したという。謡曲や『御伽草子』等の題材となった

風俗壊乱 社会の風俗を破壊し混乱させること

奇異 普通と変わっていて珍しいさま。奇妙なさま

淫猥 情欲を刺激するような、みだらなさま

の美《び》というものを感得《かんとく》することが出来《でき》るようになっている。それはやはり吾々《われわれ》が対象《たいしょう》に対《たい》して慣《な》れてくる、心が慣れてくるということが必要《ひつよう》なのです。どうしても慣れるまでは、善《よ》いものでも、善《よ》いと感じられないのは、よさを見出《みいだ》す力《ちから》がないからなのです。西洋人《せいようじん》に日本人《にっぽんじん》の漬物《つけもの》を食べさせたら、こんな臭《くさ》いものをよく日本人《にっぽんじん》は食べる、と思うけれども、始終《しじゅう》食べていると、この漬物《つけもの》がおいしくなって来る。又《また》、西洋 料理《せいようりょうり》にしたところが、日本《にっぽん》人《じん》が最初《さいしょ》西洋料理を食《く》う時《とき》には、こんな動物《どうぶつ》の死骸《しがい》の肉《にく》なんか汚《きたな》くて食べられないような感《かん》じでいたのが、慣れてくると、西洋料理は西洋料理でそのよさがわかってくるのです。吾々《われわれ》は今《いま》までと全《まった》く違《ちが》うものが出て来た時にはちょっと吾々《われわれ》の心が如何《いか》に感じたら好《よ》いかということがわからないので、そのために多くの場合《ばあい》に於《お》て新宗 教《しんしゅうきょう》というふうなものが出て来たなら大抵《たいてい》みな迫害《はくがい》を受ける。大抵の教祖《きょうそ》がみな島流《しまなが》しに遇《あ》ったり、龍《たつ》ノ口《くち》で斬罪《ざんざい》になろうとしてみたり、警察《けいさつ》へ引張《ひっぱ》られたり、色々《いろいろ》な迫害を受けていられるのであり

感得　真理などを感じて悟ること

龍ノ口　現在の神奈川県藤沢市にあった地名。文永八年、日蓮上人が『立正安国論』で鎌倉幕府に禅宗、浄土宗などの禁止を建白して罪に問われ、斬罪に処されようとした「龍ノ口法難」の地

斬罪　刀で首をはねる刑罰

ます。しかしそういう時《とき》に辟易《へきえき》してこの道《みち》を伝えることを止《や》めようというふうなことでは、到底《とうてい》人《ひと》を救《すく》うことは出来《でき》ないのであります。やはり他《ひと》を救う事《こと》が自分《じぶん》を救うことになるのでありまして自分と他《ひと》と一体《いったい》でありますから、迫害《はくがい》があっても迫害に屈《くっ》せずに人を救って行《ゆ》くということは、何《なに》もない平易《へいい》な行路《こうろ》を行《ゆ》くよりは或《あるい》は面白《おもしろ》いかも知れぬ。それは綱渡《つなわた》りみたいなものであって、平地《へいち》を歩いてもちっとも面白《おもしろ》くないけれども、綱渡りや障碍物競走《しょうがいぶつきょうそう》をすると面白《おもしろ》いのと同じようなものであります。この苦難《くなん》というものも、それがあることによって一層人生《いっそうじんせい》に味《あじ》わいを増《ま》すということも時にはあるのであります。料理《りょうり》でも胡椒《こしょう》とか山椒《さんしょう》とかが入《はい》っていますと、味が増すというようなものであります。だといって胡椒《こしょう》や山椒《さんしょう》や苦難や災難《さいなん》があるので好《よ》いのだ、それがないと人生《じんせい》は面白《おもしろ》くないというふうに、人生に胡椒《こしょう》や山椒《さんしょう》の刺戟性《しげきせい》のものがないと味がないというふうに執《とら》われてしまうと、もうこれは病的《びょうてき》であります。何《なに》もなくとも人生が楽しいと分《わか》るのが本当《ほんとう》の心の健康《けんこう》

辟易　しりごみすること。たじろぐこと

です。ただの御飯《ごはん》が一等美味《とうおい》しい状態《じょうたい》の時《とき》が肉体《にくたい》の健康《けんこう》の時のようなものであります。キリスト教《きょう》ではこういうふうにバイブルにも「我《わ》がために、人《ひと》なんじらを罵《ののし》り、また責《せ》め、詐《いつわ》りて各様《さまざま》の悪《あ》しきことを言うときは、汝《なんじ》ら幸《さい》福《わい》なり」等《など》といって、迫害《はくがい》を受ける時《とき》には幸福《さいわい》であると書いてあるために、迫害そのものが楽しみである、迫害や苦しみがあってこそ楽しみであると、迫害そのもの、苦しみそのものを却《かえ》って歓迎《かんげい》し、受難礼讃《じゅなんらいさん》を称《とな》える人がキリスト信者《しんじゃ》にはよくありますが、これは又病的信仰《またびょうてきしんこう》であって本当《ほんとう》の信仰《しんこう》ではないのであります。やはり喜《よろこ》びを喜びとし苦しみを苦しみとすることがこれ素直《すなお》な心である。胡椒《こしょう》やら山椒《さんしょう》やらがちょっと入《はい》っていることは御馳走《ごちそう》に味を添《そ》えることになるかも知れないけれども、もうそれがあまり慣《な》れて来て胡椒《こしょう》や山椒《さんしょう》が無《な》かったら、到底《とうてい》味がないというふうになってしまうとこれは病的《びょうてき》であります。ですから、苦しみを特《とく》に喜ぶのではないけれども、苦しみの時にも喜びの時にも、どちらも喜べるようでなくては本物《ほんもの》ではないの

受難礼讃　イエス・キリストと同じ精神的および肉体的な苦痛を体験すること。キリスト教徒にとっては、純粋で深い信仰心の証とされた

であります。

燈火《ともしび》を桝《ます》の下《した》に置《お》くな

○汝《なんじ》らは世《よ》の光《ひかり》なり。山の上にある町《まち》は隠《かく》るることなし。また人《ひと》は燈火《ともしび》をともして升《ます》の下におかず、燈台《とうだい》の上《うえ》におく。斯《かく》て燈火《ともしび》は家《いえ》にある凡《すべ》ての物《もの》を照《てら》すなり。斯《かく》のごとく汝《なんじ》らの光を人の前《まえ》にかがやかせ。これ人の汝《なんじ》らが善《よ》き行為《おこない》を見て、天にいます汝らの父を崇《あが》めん為《ため》なり。

皆《みな》さんは往々《おうおう》、自分《じぶん》が人の病気《びょうき》を治《なお》したこととか、自分の心境《しんきょう》がよくなったこととかいうふうなことを人の前《まえ》で発表《はっぴょう》するということを何《なに》か自慢《じまん》たらしい、高慢《こうまん》なことであって、謙遜《けんそん》な事《こと》ではないから、そんなことをなるべく差控《さしひか》えて、自分だけ修養《しゅうよう》している方《ほう》が神様《かみさま》に近いというふうなことを考

頭注版㉚一八一頁

汝らは世の… 『新約聖書』「マタイ伝」第五章一四〜一六節

桝 液体や穀物などの分量をはかる容器。木製または金属製で四角形や円筒形の器

謙遜 へりくだること。控えめであるさま

える人《ひと》がありますけれども、決《けっ》してそうじゃないのであります。「燈火《ともしび》をともして桝《ます》の下《した》に置く」ということは、燈火《ともしび》そのものの本来《ほんらい》の使命《しめい》を完《まっと》うしないということになるのであります。吾々《われわれ》が真理《しんり》の燈火《ともしび》をともして、そこに光《ひかり》が輝《かがや》いたならば、それをして吾々《われわれ》を照《て》らす光とならしめなければならない。桝《ます》の下へ置いて燈火《ともしび》を隠《かく》してしまったら折角燈火《せっかくともしび》がともっておっても何《なん》にもならないのであります。自分《じぶん》の得《え》たところの喜《よろこ》びを発表《はっぴょう》するということによって、また他人《たにん》が喜ぶ。小鳥《ことり》が春の喜びを感《かん》じて美しい声《こえ》で囀《さえず》っていると、小鳥が春の喜びを感じたけれども、その喜びを発表することは謙遜《けんそん》でないからといって、小鳥が黙《だま》ってじっとしておったら、吾々《われわれ》は小鳥の喜びを感ずることが出来《でき》ないのです。それではその喜びは宝《たから》の持《も》ち腐《ぐさ》れになってしまってこの世《よ》の中《なか》が喜びで清《きよ》められるようにならないのであります。つまり小鳥が春の喜びを感じたら素直《すなお》にその喜びを表現《ひょうげん》すると同じように、吾々《われわれ》も真理の喜びを感じたならば、その真理の喜びを素直に表現するのが好《よ》いので

宝の持ち腐れ　せっかく役に立つ物や値打ちのある物を持ちながら、有効に利用しないこと

す。これは素直《すなお》でなくちゃならないのです。小鳥《ことり》というものは別段《べつだん》にこれにはからい心《ごころ》があって、こういって春の喜《よろこ》びを囀《さえず》ってやったら人間《にんげん》が喜ぶであろうと推《お》し計《はか》ってやっているわけでないけれども、生命《せいめい》が喜びを感《かん》じたら素直《すなお》に何《なん》の計《はか》らいもなしにそのままに表現《ひょうげん》出来《でき》るというところに、無理《むり》のない生命《せいめい》の発露《はつろ》、素直な自由《じゆう》な生命《せいめい》の発露というものがあるのであります。ですから、吾々《われわれ》が真理《しんり》を知ってそれによってお蔭《かげ》を得《え》た、或《あるい》は心境《しんきょう》が進んだ、心が明朗《めいろう》になったという場合《ばあい》に、「こんなことを発表《はっぴょう》したら謙遜《けんそん》でないかも知れぬ」というような考えが入《はい》って来ると、そこに計《はか》らい心《ごころ》が入《はい》って来る。又《また》、慾張《よくば》る心でこれを利用《りよう》して、自分《じぶん》が病気《びょうき》をこんなに治《なお》せるのだから一《ひと》つ他人《ひと》に宣伝《せんでん》して病気を治《なお》して金《かね》を儲《もう》けてやろう、こんなふうに考えたら又計《またはか》らい心《ごころ》が入《はい》って来るのです。吾々《われわれ》は何《なん》の成心《せいしん》も計《はか》らい心《ごころ》もなしに、小鳥が春の喜びを知ったら自然《しぜん》に囀《さえず》るように、真理を知ったらその喜びを自然に素直に、計《はか》らい心《ごころ》なしに囀《さえず》り出《だ》すというふうにしなければならないのです。

発露　表に現れ出ること

成心　したごころ

燈火《ともしび》というものは別段《べつだん》照《てら》してやろうと思うような計《はか》らい心《ごころ》はないのであって、唯《ただ》、火は彼自身《かれじしん》光るべき性質《せいしつ》で光っているに過《す》ぎないのです。何《なん》の計《はか》らい心《ごころ》もなしにそれ自身《じしん》があるべきように光っているということによって、人《ひと》も照《てら》されるということになるのです。それを下手《へた》な謙遜《けんそん》をしてわざわざ桝《ます》の下に入《はい》り込《こ》んでしまったり、或《あるい》は無理《むり》にそれを自慢《じまん》にして歩くというようになっては、どちらも本当《ほんとう》ではないのであります。自分《じぶん》の病気《びょうき》が治《なお》りたいために他人《ひと》に宣伝《せんでん》して歩くというような現在《げんざい》の天理教信者《てんりきょうしんじゃ》の遣《や》り方《かた》は、これはやはり計《はか》らい心《ごころ》が入《はい》っています。そういう何々《なになに》の為《ため》にというような計《はか》らい心《ごころ》を全然《ぜんぜん》捨《す》てて素直《すなお》に自分の生命《せいめい》そのままを鳴出《なりだ》すというところに、本当に何《なん》の邪気《じゃき》もない実相《じっそう》そのままの響《ひびき》があって、それが本当に他人《ひと》を救《すく》うということになるのであります。

ですから、一《ひと》つの行為《こうい》をする場合《ばあい》にあまりとつおいつ考えて、右顧左眄《うこさべん》して、こうして「人を救うたらどうなるかしらん、救ったところがつまらない

邪気もない　わるぎのない。無邪気な

とつおいつ　あれこれ思い迷って決断できないさま

右顧左眄　右を見たり左を見たりして、ためらうこと

のだけれども、あいつの病気《びょうき》を治《なお》したってどうせあいつは罪《つみ》があるから、心が間違《まちが》っているからこその病気なんだから、治《なお》したって却《かえ》ってわるい結果《けっか》になるかも知れないし……」というふうに考えて行《ゆ》くと、一《ひと》つの行為《こうい》を成《な》すことでも、そういう分別心《ふんべつごころ》が入《はい》ると、善《ぜん》だか悪《あく》だか、ちっともわからなくなってしまう。それじゃいけないのであって、吾々《われわれ》はそういう計《はか》らい心《ごころ》によって善《ぜん》とも悪《あく》とも何《なん》とも考えなくとも好《よ》いのです。素直《すなお》に実相《じっそう》の喜《よろこ》びを、救《すく》われた自分《じぶん》の歓《よろこ》びを、ちょうど小鳥《ことり》が囀《さえず》るように囀《さえず》り出《だ》せば、その囀《さえずり》によって、その囀《さえず》り声《ごえ》を聞くことによって、そこに春が来た喜びが人間《にんげん》にひびいて来るのと同じように、それを聞く人達《ひとたち》の心が開《ひら》いて神の子たる実相が出て来ることになるのであります。この「実相」が即《すなわ》ち吾々《われわれ》の生命《せいめい》に味を附《つ》けているところの地《ち》の塩《しお》であるという理《わけ》であります。「塩もし効力《こうりょく》を失《うしな》わば、何《なに》をもてか之《これ》に塩すべき。」外《ほか》のものならそれに塩気《しおけ》をやればまた味が出るけれども、塩が効力を失ったら何《なに》によって味を附《つ》け得《え》ようか、味を附けよう

分別心　物事の道理や善悪、損得などを考える心

地の塩　『新約聖書』「マタイ伝」第五章一三節にあるイエスの言葉

「塩もし効力を…」　「マタイ伝」第五章一三節。上の本文中の燈火を桝の下に置く例えの直前にある言葉

がない。吾々《われわれ》の「実相《じっそう》」というものはそれ自身《じしん》が尊《とうと》いものなのであって、この「実相」を悟《さと》った者《もの》は「汝《なんじ》らは地《ち》の塩《しお》」である。そうしてその「地の塩」がその塩としての働《はたら》きをしなかったら何《なん》にもならないのであるから「地の塩」となったら、「地の塩」として塩らしい働きをそのまま素直《すなお》に出さなければ塩としての効力《こうりょく》を失ったものである。このように実相を悟っても実相を見て出さなければ何《なん》にもならない。「塩もし効力を失わば何《なに》をもてか之《これ》に塩すべき。」小鳥《ことり》がもし春の喜《よろこ》びを知って囀《さえず》らないとしたならば、その小鳥は何《なん》にもならぬ。これはつまり実相が現《あらわ》れない小鳥である。塩が塩の味を出さない塩であるということになるのであります。

そういうふうに吾々《われわれ》は何《なん》の計《はか》らい心《ごころ》もなしに、素直《すなお》に自分《じぶん》の喜びというものを表現《ひょうげん》するのが好《よ》い。その自然の計らいなき表現が他人《ひと》に光明《こうみょう》を与え、人《ひと》を救《すく》うというふうになるのでありまして、私心《わたくしごころ》を挟《さしはさ》まない表現というものが最《もっと》も美しい、又効果《またこうか》ある表現となるのであります。こんなわけでありますから、私の講演《こうえん》の次には、皆《みな》さんの中《なか》で感想《かんそう》とか感謝《かんしゃ》とか心の中《なか》から自《し》然《ぜん》に湧《わ》き出《で》るところのものを、小鳥《ことり》が囀《さえず》るというふうにお話《はなし》して下《くだ》さいますようにお願《ねが》い致《いた》します。

全《すべ》ての宗教《しゅうきょう》を成就《じょうじゅ》する者《もの》

生長《せいちょう》の家《いえ》で聖書《せいしょ》を講義《こうぎ》しますと、或《あるい》は生長の家はキリスト教《きょう》ではないかしら？　とこう思う人《ひと》があるかも知れません。ところが、生長の家は先晩《せんばん》も大隈会館《おおくまかいかん》で人類光明化劇《じんるいこうみょうかげき》「釈迦《しゃか》と維摩詰《ゆいまきつ》」を公演致《こうえんいた》しました。あれをまたごらんになって、生長の家は仏教《ぶっきょう》ではないかしら？　とこういうふうにお考えになる人もあるかもしれません。どちらも本当《ほんとう》でありまして、生長の家は仏教であり、キリスト教であり、神道《しんとう》であり、その他《た》あらゆる教《おし》えでもあるのであります。というのは、総《すべ》ての宗教の真髄《しんずい》そのものを摑《つか》んで行《ゆ》くと、

頭注版㉚一八五頁

全ての宗教を… ここより昭和十年十二月七日に赤坂の本部講堂で行われた二回目の「山上の垂訓」の講義。筆記録は『生長の家』誌昭和十一年五月号に掲載され、後に『生命の實相』全集「聖典講義篇」として収録された

真髄　「神髄」に同じ

それがそのまま一致《いっち》することになる、その一致するところを生長《せいちょう》の家《いえ》と名《な》附《づ》けたからであります。

ですから、生長の家は如何《いか》なる宗教《しゅうきょう》に対《たい》しても別《べつ》に反対《はんたい》を唱《とな》えるわけではありません。総《すべ》ての宗教を成就《じょうじゅ》する、すべての世《よ》を照《て》らす燈台《とうだい》たる教《おし》えに火を点《つ》けるというのが生長の家の教えなのであります。

今《いま》までの宗教は悉《ことごと》く出現当時《しゅつげんとうじ》の時代《じだい》、環境《かんきょう》というものに順応《じゅんのう》して別々《べつべつ》な相《すがた》に応現《おうげん》して現《あらわ》れて出たのでありまして、その出現した時代時代にはいずれもみなそれが適当《てきとう》であったのでありますけれども、現代《げんだい》には又《また》現代に応現《おうげん》した相《すがた》の宗教が現《あらわ》れて来なければならないのです。そうして又《また》現代のように宗教と宗教とが相争《あいあらそ》うというふうな時代には、またそれに相応《あいおう》じて一切《いっさい》の宗教を調和《ちょうわ》さすような、一切宗教の真髄《しんずい》を摑《つか》んで総《すべ》ての宗教を生かし、それを互《たがい》に手を繫《つな》がせる綜合的《そうごうてき》な宗教が出て来なければならないのであります。これがつまり生長の家であります。そんなわけで生長の家は聖書《せいしょ》も講義《こうぎ》を

順応　環境や境遇の変化に従ってそれに合うように変わること

応現　相手や目的に応じて様々に姿を変えて現れること。応化(おうげ)とも言う

し、日本《にっぽん》の古典《こてん》も講義《こうぎ》をし、仏典《ぶってん》も講義をし、不偏不党片寄《ふへんふとうかたよ》らない相《すがた》を示しているのであります。

さて、今日《きょう》の講義は「マタイ伝《でん》」の第《だい》五章《しょう》十七節《せつ》からであります。十七節にはこう書いてあります。

過去《かこ》の教《おし》えを毀《こぼ》たず

○われ律法《おきて》また預言者《よげんしゃ》を毀《こぼ》つために来《きた》れりと思うな。毀《こぼ》たんとて来《きた》らず、反《かえ》って成就《じょうじゅ》せん為《ため》なり。

これでありますこの生長《せいちょう》の家《いえ》の現《あらわ》れました使命《しめい》は。ここに律法《おきて》と申《もう》しますのは今《いま》までの色々《いろいろ》の宗教《しゅうきょう》で教《おし》えた法《のり》、教えというものを指《さ》しておりま す。預言者《よげんしゃ》というのは神懸《かんがかり》になって吾等《われら》に教えをした人達《ひとたち》のこと、引っく

不偏不党　いずれの党派・主義にもかたよらず、公平・中立の立場をとること

頭注版㉚一八六頁

毀つ　こわす

神懸　神霊が人にのりうつること。また、のりうつった人

るめていえば、過去時代《かこじだい》の宗教《しゅうきょう》の教祖達《きょうそたち》のことをいうのであります。キリストが出現《しゅつげん》したのも、過去《かこ》の宗教、教祖たちを毀《こぼ》ち、批難《ひなん》し、攻撃《こうげき》し、破壊《はかい》するために出現したのではない。律法《おきて》と預言者《よげんしゃ》、即《すなわ》ち宗教と教祖とを成就《じょうじゅ》するためであると、ここにこうキリスト自《みずか》ら言っておられるのであります。それと同じ働《はたら》きがこの生長《せいちょう》の家《いえ》の働きなのであります。「毀《こぼ》たんとて来《きた》らず、反《かえ》って成就せん為《ため》なり。」――これが生長の家の働きなのであります。その次にはこう書いてあります。

律法《おきて》の完全《かんぜん》なる解放《かいほう》は律法《おきて》を却《かえ》って成就する

頭注版㉚一八七頁

○誠《まこと》に汝《なんじ》らに告《つ》ぐ、天地《てんち》の過《す》ぎ往《ゆ》かぬうちに、律法《おきて》の一点《てん》、一画《かく》も廃《すた》ることなく、悉《ことごと》く全《まっと》うせらるべし。この故《ゆえ》にもし此等《これら》のいと小さき誡命《いましめ》の一《ひと》つをやぶり、且《か》つその如《ごと》く人《ひと》に教《おし》うる者《もの》は、天国《てんごく》にて最《いと》小さき者と称《とな》

誠に汝らに告ぐ、… 『新約聖書』「マタイ伝」第五章一八～一九節

いと　とても。たいそう

えられ、之《これ》を行《おこな》い、かつ人《ひと》に教《おし》うる者《もの》は、天国《てんごく》にて大《おおい》なる者と称《とな》えられん。

こうあります。この律法《おきて》といいますのは今申《いまもう》しましたように、色々《いろいろ》の宗教《しゅうきょう》の教法《おしえ》でありますが、その教法《おしえ》を日常生活《にちじょうせいかつ》の指導律《しどうりつ》として展開《てんかい》して生《しょう》じた道徳律《どうとくりつ》というふうなものにも解《かい》することが出来《でき》るのであります。それから又《また》或《あ》る場合《ばあい》には因果《いんが》の法則《ほうそく》、因果律《いんがりつ》というものにも解することが出来るのであります。生長《せいちょう》の家《いえ》は、総《すべ》ての宗教と相容《あいい》れないものでなしに、総《すべ》ての宗教を成就《じょうじゅ》し、その神髄《しんずい》を生かすものでありますが、すべての宗教を生かして行《ゆ》くためにはどうしても、「これでなければならぬ」と、一《ひと》つの律《りつ》というものを摑《つか》んでおってそれに凝《こ》り固《かた》まってしまうといけないのです。一つに凝り固まってしまう場合《ばあい》には、どうしても「これでなければならぬ」「このほかのもの一切《いっさい》はいかぬ」という一筋道《ひとすじみち》が明示《めいじ》され過《す》ぎますために、ほかの考え

指導律　教え導くための指針

道徳律　道徳的行為の規準となるもの。道徳的法則

因果律　すべての出来事は必ずある原因によって起こり、原因がなくては何事も起こらないという原理

律　物事の規範となる定め。法

を有《も》っているものは間違《まちがい》であると排斥《はいせき》して相争《あいあらそ》わねばならぬということになります。ですから、生長《せいちょう》の家《いえ》では「ねばならぬ」を解放《かいほう》する宗教《しゅうきょう》であるということを標榜《ひょうぼう》しております。「ねばならぬ」と今《いま》まではこういわれておったけれども、生長の家は「ねばならぬ」がない教《おし》えである。一つの「ねばならぬ」に凝《こ》り固《かた》まってしまったら他《た》の「ねばならぬ」と衝突《しょうとつ》するということになる。ところが生長の家は総《すべ》ての宗教の律法《おきて》「ねばならぬ」を生かさねばならぬ。それで、生長の家みずからは、自分《じぶん》の「ねばならぬ」を解放するということが必要《ひつよう》になるのであります。すべての「ねばならぬ」を解放するということは、もうどうでもいいのだ。したい放題《ほうだい》、出放題《でほうだい》、出鱈目《でたらめ》、無《む》茶苦茶《ちゃくちゃ》をやっておればそれで好《よ》いのだということではないのであります。一《いっ》切《さい》の「ねばならぬ」を解放してしまったときに総《すべ》ての律法《おきて》が却《かえ》って生きてくるのです。すべての律法《おきて》を生かすために、一度《ど》は「ねばならぬ」をスッカリ解放してしまわねばならない。これが生長の家の「ねばならぬ」を解放する

標榜 主義や主張を公然と唱えること

宗教《しゅうきょう》であるという所以《ゆえん》であります。

「ねばならぬ」を捨《す》てる教《おし》え

例《たと》えて申《もう》しますならば、重盛《しげもり》が「忠《ちゅう》ならんと欲《ほっ》すれば孝《こう》ならず」とこう言って慨《なげ》いた。これは「忠《ちゅう》」という一《ひと》つの律法《おきて》に引掛《ひっかか》ったために、「孝《こう》ならず」というふうになって忠孝互《ちゅうこうたがい》に相衝突《あいしょうとつ》して来《き》たのです。又《また》「孝《こう》」という律法《おきて》に引掛《ひっかか》った場合《ばあい》には一方《いっぽう》では又《また》「忠《ちゅう》ならず」という具合《ぐあい》になって、どうも動きがとれないということになり易《やす》いのであります。これは「ねばならぬ」を一度超越《どちょうえつ》したのちの律法《おきて》ではないからであります。それで「忠《ちゅう》ならんと欲《ほっ》すれば同時《どうじ》に孝《こう》である」というふうに、すべての律法《おきて》が調和《ちょうわ》したものとなるためには、どうしても先《ま》ず現象《げんしょう》を超越して「実相《じっそう》」を摑《つか》まなければならないのであります。「実相」は偏《かたよ》った現象界《げんしょうかい》の律法《おきて》を超越している。

頭注版㉚一八九頁

重盛 平重盛。保延四～治承三年。平安末期の武将。清盛の長男。通称は小松内府。保元・平治の乱に功があった

「忠ならんと…」 頼山陽著『日本外史』に記された重盛の言葉。忠と孝とは二つの大切な徳目だが、時には相反する場合がある。父清盛が後白河法皇を幽閉しようとした際にいさめた言葉

『碧巌録《へきがんろく》』の第《だい》二十五則《そく》にも「機《こころ》、位《くらい》を離《はな》れずんば、毒海《どくかい》に堕在《だざい》す」とあります。「位《くらい》」というのは、こうせねばならぬという自分《じぶん》の立場《たちば》であります。それを離れなければ毒水《どくすい》の漂《ただよ》う海の中《なか》へ堕《お》ち込《こ》んで生命《せいめい》が死んでしまうということであります。偏《かたよ》った現象《げんしょう》の「忠《ちゅう》」とか偏った「孝《こう》」とかいう律法《おきて》に執《とら》われているのでは、本当《ほんとう》の「忠《ちゅう》」も「孝《こう》」も生かすことが出来《でき》ないのであります。それで一旦現象《いったんげんしょう》を超越《ちょうえつ》して、一旦《いったん》この「ねばならぬ」を解《と》き放《はな》してしまって、再《ふたた》び「ねばならぬ」に戻《もど》って来《こ》なければならないのであります。一度律法《どおきて》を解《と》き放《はな》ってしまって、そうして再び総《すべ》ての律法《おきて》が生きて来るということにならなければ本当ではないのであります。

ですから、「生長《せいちょう》の家《いえ》は『ねばならぬ』を解放《かいほう》する宗教《しゅうきょう》だ。生長の家に『ねばならぬ』はないのだ」といって何《なん》でも規則《きそく》正しく厳重《げんじゅう》にキチンキチンとやって行《ゆ》く人《ひと》を非難《ひなん》して「そんな『ねばならぬ』をいっている奴《やつ》はみんな間違《まちがい》だ。迷《まよ》っているんだ」なんて仕放題《しほうだい》な生活《せいかつ》を鼓吹《こすい》するような人が多勢《おおぜい》

『碧巌録』 宋代に成立した禅の公案集。雲門宗の雪竇重顕(せっちょうじゅうけん)が古則公案百則を集めて頌(じゅ)を付したものに、臨済宗の圜悟克勤(えんごこくごん)が自在に評釈を加えた。著者は最晩年にかけて『碧巌録解釋』を著した

堕在 悪い場所へ落ち込んで、そのままそこにとどまること

鼓吹 意見や思想を盛んに主張して共鳴させようとすること

の中《なか》には時々《ときどき》出て参《まい》りますれども、これでは「ねばならぬが無い」ということに捉《とら》われたのであります。生長《せいちょう》の家《いえ》に「ねばならぬ」がないというのは「ねばならぬを無《な》くしてしまわねばならぬ」という「ねばならぬ」さえも超越《ちょうえつ》しなければならぬのです。「忠義《ちゅうぎ》も孝行《こうこう》も何《なん》にも要《い》らぬのである、どうでも好《い》いのだ。デカダンの生活《せいかつ》を送っておったら好《い》いのだ。もう自分《じぶん》の享楽《きょうらく》ばかりしておったらそれで生長の家の生活である」そういうことになるとそれも「要《い》らぬ」ということに捉《とら》われたことになります。「善《ぜん》を行《おこな》え、親孝行《おやこうこう》をせよ」律法《おきて》ずくめに縛《しば》ろうとすると却《かえ》って「何《なん》じゃ、そんな窮屈《きゅうくつ》なことは嫌《いや》じゃ」となる。ところが、そのままで好《よ》いのだということになりますと、人間《にんげん》のそのままは神の子なのです。どうしないでもそのまま人間の為《な》すべきあらゆる善行《ぜんこう》が出来《でき》ることになるのです。ですから生長の家は律法《おきて》を毀《こぼ》たんとして来たのではない、律法《おきて》を成就《じょうじゅ》せんが為《ため》に来たのであります。キリストの来たのもやはり同じである。それがここに説《と》いてあるわけで

デカダン décadent 頽廃的な生活をする人。堕落的なさま
享楽 思うままに快楽にふけって楽しむこと

ありまして「毀《こぼ》たんとて来《きた》らず、反《かえ》って成就《じょうじゅ》せん為《ため》なり。」「ねばならぬ」を成就するために一度《ど》「ねばならぬ」を解放《かいほう》してしまうのです。

「誠《まこと》に汝《なんじ》らに告《つ》ぐ、天地《てんち》の過《す》ぎ往《ゆ》かぬうちに、律法《おきて》の一点《てん》、一画《かく》も廃《すた》ることなく、悉《ことごと》く全《まっと》うせらるべし。」ここにある律法《おきて》の意味《いみ》を因果律《いんがりつ》というものに解《かい》しますならば、また一層《いっそう》深い意味があらわれて来るのであります。

生長《せいちょう》の家《いえ》では悟《さとり》を開《ひら》き、実相《じっそう》を悟《さと》ったら実相の世界《せかい》には因縁《いんねん》はないのだから因縁《いんねん》を超越《ちょうえつ》すると申《もう》します。では、もう自分《じぶん》は悟りを開いてしまったから因縁《いんねん》を超越するからもう因縁《いんねん》なんか何《なん》にもないのだ、だから悪いことしたって報《むく》いも何《なに》も出て来ないというような塩梅式《あんばいしき》になりますと、これ又《また》律法《おきて》を毀《こぼ》っているということになり、仏教《ぶっきょう》でいわゆる「因果《いんが》を撥無《はつむ》する」ということになって、これでは本当《ほんとう》ではないのであります。因果というものは本当に実相の中《なか》へ入《はい》り切《き》ってしまえば、実相の世界には因果律《いんがりつ》はないけれども、世諦《せたい》と申《もう》しますところの現象世界《げんしょうせかい》に於《おい》てはこの因果律《いんがりつ》というのがや

「因果を撥無する」 仏教語。原因結果の法則を否定してはねつけること。撥無因果

世諦 仏教語。世間一般の常識とされるもの

吾々《われわれ》が悟《さとり》を開《ひら》くというのでも、吾々《われわれ》は始めから悟《さとり》を開いているから、それはもう問題《もんだい》ではないのでありますが、現象界《げんしょうかい》に顕《あらわ》れているこの吾々《われわれ》が悟《さとり》を開くのにはやはり因果《いんが》の法則《ほうそく》というものが働《はたら》いて悟《さとり》を開くということになるのであります。何《なに》も因果律《いんがりつ》というものがなかったら、本を読まなくても悟《さとり》が開《ひら》ける、何《なに》もこんな道場《どうじょう》に来なくても悟《さとり》が開ける、何《なに》も説教聴《せっきょうき》かなくても、悟《さとり》が開ける、神想観《しんそうかん》をしなくても、何《なに》もせぬでも、悟《さとり》は開けるのだ、とこういう具合《ぐあい》になるのでありましょう。本を読まなくとも、修行《しゅぎょう》しなくとも、始《はじ》めから仏《ほとけ》であるというのは事実《じじつ》です。しかしこれは実相の方《ほう》から、第一義諦《だいいちぎたい》の方《ほう》から申《もう》しますので、現象《げんしょう》の法則、世諦《せたい》の方《ほう》から申《もう》しますと、そういうことにはならないのです。どうしてもこの実相の中《なか》へ飛込《とびこ》むのにもやはり因果《いんが》の法則が働いているということになるのであります。

第一義諦　仏教語。最高の悟りの立場からみた絶対の真理

因果《いんが》は果《はた》さねばならぬ

頭注版㉚一九二頁

昨日《きのう》、天理教《てんりきょう》の或《あ》る本を見ましたら、こういう面白《おもしろ》い話が書いてありました。それは天理教の一布教師《ふきょうし》が或《あ》る寒い冬の晩《ばん》、布教《ふきょう》に行《ゆ》きまして信者《しんじゃ》の家《いえ》へ泊《とま》ったのであります。そこへ泊《とま》りますと、寒い日でありましたから、まだ晩御飯《ばんごはん》を終《おわ》っていない時《とき》で、そこのお婆《ばあ》さんが「それはよく来《き》て下《くだ》さった。どうぞお上《あが》り下《くだ》さい。今味噌粥《いまおじや》を炊《た》いて温《あたた》めてあげようと思います。寒い時にはどうも温《あたた》かいものを食べるとお腹《なか》に行火《あんか》を入れたように温《あたた》まりまして好《よ》いものですから」といいながら味噌汁《みそしる》を炊《た》いてくれて鍋《なべ》の中《なか》の味噌《みそ》を掻《か》き廻《まわ》しているのです。ところへ四つ五つ位《くらい》の坊《ぼっ》ちゃんが来て前《まえ》を開《ひら》くと、味噌《みそ》の小さな塊《かたまり》のようなものがコロッとその鍋の中《なか》へ入《はい》ったのです。鍋をまぜているお婆《ばあ》さんはそれに気が附《つ》かないで話しているけれども、その布教師《ふきょうし》はそ

おじや　味噌汁などで炊いた粥。雑炊

行火　炭火を入れて手足を温める移動式の暖房器具。大正期には電気行火も登場した

前を開く　着物の胸元や裾などを広げる

れを見てハッと思ったのであります。お婆《ばあ》さんは気が附《つ》かないで横《よこ》を見て鍋《なべ》をまぜているのです。（笑声《しょうせい》）するとその子供《こども》が、「お婆《ばあ》ちゃん、ちょっとウンコがしたい。」こういうのです。お婆《ばあ》さんはその子供にウンコをさせに連《つ》れて行《い》ったのであります。布教師の人《ひと》はそれを見ていたものだからどうも食べる気にならない。（笑声）やがてお婆《ばあ》さんが子供にウンコをさせて帰ってきて、その味噌汁《みそしる》の煮立《にた》った中《なか》へ冷御飯《ひやごはん》を入れて掻《か》き廻《まわ》して如何《いか》にも温《あたた》かそうな味噌粥《おじや》を炊《た》いて下《くだ》さった、その布教師《ふきょうし》はお腹《なか》が減《す》いてペコペコになっている。その前《まえ》へ、「さうどうぞお上《あが》り下《くだ》さい」といって差出《さしだ》されたのですが、さあどうしたら好《よ》いかと思ったけれども、どうも子供の前《まえ》から転《ころ》がり落《お》ちた塊《かたまり》が入《はい》っているのを見て知っていて、その味噌粥《おじや》を食べる勇気《ゆうき》も出て来ないのです。「実《じつ》は今《いま》、道《みち》すがら或《あ》る信者《しんじゃ》の家《いえ》へ寄《よ》って、そこでよばれて来ましたからお腹《なか》が一杯《いっぱい》でございます」といって勧《すす》められるのを遠慮《えんりょ》するような恰好《かっこう》をして、食べないでその晩《ばん》そこに泊《と》めて頂《いただ》いたのであります。とこ

道すがら　道の途中

ろが寒《さむ》い晩《ばん》であり、非常《ひじょう》にお腹《なか》が空《す》いておったので眼《め》が冴《さ》えてどうしても寝《ね》附《つ》かれない。お腹《なか》が空《す》いて空《す》いて、その晩《ばん》に限《かぎ》って妙《みょう》に益々《ますます》お腹《なか》が空《す》いて眼《め》が冴《さ》えて布団《ふとん》の中《なか》でモジモジしていますと小便《しょうべん》を催《もよお》して来たのです。それでお便所《べんじょ》へ行《ゆ》きましたが、その帰《かえ》り途《みち》で薄暗《うすくら》がりの中《なか》で台所《だいどころ》の流しの上《うえ》の棚《たな》の辺《あた》りをふと手で触《さわ》ったのであります。そうすると手に何《なん》だか柔《やわら》かい、ふかふかおいしそうな温《あたたか》いものが触ったのです。ちょっと手にとって見ると皿《さら》に盛《も》ったお茄子《なす》で、ホカホカのまだ湯気《ゆげ》が出ているのが三《みっ》つあります。それがお腹《なか》の空《す》いた布教師《ふきょうし》には実《じつ》に柔《やわら》かなおいしそうな食物《たべもの》に見えるのです。それで一《ひと》つそれを食べてやれと思って食べてみたのです。ほんのり塩味《しおあじ》がしてなかなかおいしく柔《やわら》かく煮《に》えている。それから一つ食べたらお腹《なか》が空《す》いているのでもう一つ欲《ほ》しくなる。とうとう三つとも食べてしまったのです。すると幾分《いくぶん》お腹《なか》が大きくなったので心も落着《おちつ》いて、血液《けつえき》が腹《はら》の方《ほう》へ行《ゆ》くと見えましてて睡《ねむ》くなってグッスリ寝《ね》てしまった。それから翌日《よくじつ》目を覚《さま》しますと、そこのお嫁《よめ》さんの声が台所《だいどころ》から聞《きこ》えて来るのです。「ここへゆうべお茄子《なす》を置いておいたのだけれどもなくなっている。どうしたのだろうね。鼠《ねずみ》に食われるということは今《いま》まで一度《ど》もなかったのだけれども、どうしたのだろうね。」こういっているのですね。天理教《てんりきょう》の先生《せんせい》はこちらで聞いているが気が気でない。あれは味噌汁《みそしる》に入れるつもりで茹《う》でてあった茄子《なす》かな、私が食べたとも白状《はくじょう》することは出来《でき》ないし、困《こま》ったことだと思っていますと、又台所で声が聞《きこ》えて来《く》る。「いつもここへ置いて外《ほか》のところへ置いた事《こと》はないけれども、どこへ置いたかしらん」といっているのです。聞いていると茄子《なす》を食べたことを責《せ》められているような気がする。出て詫《あやま》ろうかと思っていると、奥《おく》の方《ほう》からお婆《ばあ》さんが声をかけて、「いや、あの茄子《なす》はね、ゆうべもうさんざん使って温《ぬく》めた後《あと》だから、なくなっても好《い》いよ。もう新しいのを拵《こしら》えてもらって使う方《ほう》が好《い》いよ」といっているのです。一体何《いったいなに》を温《あたた》めたのかと思って聞いていると、「あれはさんざん使って、よくぬくめた粕《かす》だから、あれ

う(茹)でる「ゆでる」の変化した発音

はもう効《き》かないから又新《また》しく拵《こしら》えて下《くだ》さい」というているのですって。どうも変《へん》な具合《ぐあい》だとよく聞いてみると、そのお婆《ばあ》さん疣痔《いぼじ》で毎日大便《まいにちだいべん》に行《い》った時《とき》に出たあとが痛《いた》いのです。（笑声《しょうせい》）それでその痛いところを茄子《なす》の柔《やわら》かく温《あたた》めた奴《やつ》でじっと抑《おさ》えて押《お》し込《こ》む、冷《ひ》えてくると別《べつ》の温《あたた》めたのを取換《とりか》えて温《ぬく》める。（笑声）又《また》冷えると代《かわ》りの奴《やつ》を又《また》当てる。そうやって三《みっ》つのお茄子《なす》を交《こう》代《たい》にやっておったのです。それで好《よ》い具合《ぐあい》に塩味《しおあじ》が附《つ》いている。この時《とき》、その天理教《てんりきょう》の先生《せんせい》は悟《さとり》を開《ひら》いた。どういう悟《さとり》を開いたかというと「ああ私がわるかった。自分《じぶん》は『何《なん》でも受ける』というこの気持《きもち》を忘れておった」と悟《さと》ったのです。出て来るものはみんなこれ因縁《いんねん》を果《はた》さして頂《いただ》くのである、ああ有《あり》難《がた》いと受けるのが天理教の悟《さとり》であります。生長《せいちょう》の家《いえ》で「心の法則《ほうそく》」というところを天理教では因縁《いんねん》の理《り》というのです。因縁《いんねん》の理《り》というものは果《はた》さなければ消えないというのが、「律法《おきて》の一点《てん》一画《かく》も廃《すた》ることなく、悉《ことごと》く全《まっと》うせらるべし」ということに当《あた》るのであります。因縁《いんねん》の理《り》というものは、業《ごう》の流転《るてん》

疣痔　肛門の周囲にいぼ状のはれ物を生ずる痔。痔核

業の流転　いったん起こった行為は必ず何かの原因があり、さらにその行為は次の行為に大きく影響する。その繰り返しを総称する言葉

の法則《ほうそく》、現象《げんしょう》を生滅《しょうめつ》せしめる心の法則ということであります。それでこの天理教《てんりきょう》の布教師《ふきょうし》も、自分《じぶん》は穢《きたな》いものを食べさせられねばならぬ因縁《いんねん》があるという事《こと》が判《わか》っていたなら味噌粥《おじや》の中《なか》へ入れられた穢《きたな》いものでも避《さ》けないで「有難《ありがた》い、これで業《ごう》を果《はた》すのだ」と思って食べたでありましょうが、その時《とき》にはそういう因縁《いんねん》の理《り》に気がつかなかった。それで前夜幼児《ぜんやようじ》の股《また》ぐらから飛んで出たものが味噌粥《おじや》に入《はい》って食べさせられようとしたのを、嫌《いや》だと思うてはねつけたら、今度《こんど》は知《し》らず識《し》らずお婆《ばあ》さんの疣痔《いぼじ》を温《あたた》めたお茄子《なす》を食べさせられてしまった。因縁《いんねん》の理《り》というものは恐《おそ》ろしいものでどんなに逃《のが》れようとしても自分《じぶん》の心が、そういう人《ひと》に糞《くそ》を食《くら》わせるような心を持っている限《かぎ》りは、めぐりめぐって自分が糞《くそ》をたべさせられねばならない。心の類似《るいじ》が類似のものを招《よ》ぶのです。天理教でいうなら、因縁《いんねん》というものを切ってしまわなければ逃《のが》れても逃《のが》れても駄目《だめ》なのです。その因縁《いんねん》を切るのには天理教では因《いん》縁《ねん》を果《はた》せというのです。借金《しゃっきん》は払《はら》った時《とき》に消えるように因縁《いんねん》も消すには因《いん》

生滅　生ずることと滅すること

縁《ねん》の理《り》を果《はた》さねばならぬ。病気《びょうき》をするのも借金《しゃっきん》から来《く》る。病気をするのが嫌《いや》なら何《なに》かほかの形《かたち》で因縁《いんねん》の理《り》を果《はた》さねばならぬ。それで天理教《てんりきょう》では本山《ほんざん》へ金《かね》を寄附《きふ》させる。因縁《いんねん》の理《り》を何《なん》らかの形《かたち》で支払《しはら》い切《き》らない限《かぎ》り、因果律《おきて》の一点《てん》、一画《かく》といえども出て来るものであるというので「誠《まこと》に汝《なんじ》らに告《つ》ぐ、天《てん》地《ち》の過《す》ぎ往《ゆ》かぬうちに、律法《おきて》の一点、一画《かく》も廃《すた》ることなく、悉《ことごと》く全《まっと》うせらるべし」とイエスはいったのであります。心の法則《ほうそく》によって、類《るい》は類を招《よ》ぶ――そういう心が切れてしまわない間《あいだ》は必《かなら》ずそれは形に出て来るものである。逃《のが》れたって、逃《に》げ隠《かく》れしても何《なん》にもならない、右へ行《ゆ》けばやはり自分《じぶん》の心の影《かげ》で右の鏡《かがみ》に自分の顔《かお》が映《うつ》る、左に行《ゆ》けば左の鏡に自分の顔が映るのと同じように、現象界《げんしょうかい》には自分の心の影《かげ》が映るのでありまして、そういうように律法《おきて》というもの、心の法則というもの、因果律《いんがりつ》というものは、出て来るものであります。因縁《いんねん》の理《り》はこれを果《はた》すか、その因果律《いんがりつ》の本《もと》になる心の迷《まよい》というものを断《た》ち切《き》って、因果律以前《いんがりついぜん》の世界《せかい》、実相《じっそう》の世界に超入《ちょうにゅう》した時《とき》に、吾々《われわれ》ははじめて因縁《いんねん》に縛《しば》られなくなる。これは生長《せいちょう》の家《いえ》で説《と》く究極《きゅうきょく》の境地《きょうち》でありますが、心の迷《まよい》のある間《あいだ》は駄目《だめ》であって、その間《あいだ》は天理教式《てんりきょうしき》に因縁《いんねん》の理《り》を果《はた》すことが因縁《いんねん》をのがれる唯一《ゆいいつ》の道《みち》であります。

実相《じっそう》を悟《さと》れば自然《しぜん》に矩《のり》を超《こ》えず

○この故《ゆえ》にもし此等《これら》のいと小さき誡命《いましめ》の一《ひと》つをやぶり、且《かつ》その如《ごと》く人《ひと》に教《おし》うる者《もの》は、天国《てんごく》にて最小《いと》さき者と称《とな》えられ、之《これ》を行《おこな》い、かつ人に教うる者は、天国にて大《おおい》なる者と称《とな》えられん。

それですから、実相を生活《せいかつ》し得《え》ていない癖《くせ》に、自分《じぶん》が実相を悟ったつもりで因果律《いんがりつ》というものはないものだ。どんなわるいことをしても好《よ》いのだ、恩《おん》など受けても、実相の世界《せかい》に於《おい》ては、恩を受けるということも恩を返すとい

究極　物事を果てまできわめていって最後に行き着くところ

頭注版㉚一九七頁

矩を超えず　『論語』「為政」にある言葉。心の欲するままに行動して、道徳の規範をこえることがない。「従心所欲不踰矩(こころのほっするところにしたがってのりをこえず)」

この故にもし…　『新約聖書』「マタイ伝」第五章一九節

うことも本来無《ほんらいな》いのだ、というような気持《きもち》で、小さいことでも、いと小さい誡命《いましめ》でも破《やぶ》って、そうして平然《へいぜん》としているような者《もの》は、これは天国《てんごく》にていと小さき者と称《とな》えられるというのです。（天国というのは実相《じっそう》の世界《せかい》であります。）そういう人《ひと》は天国即《すなわ》ち実相の世界に於《お》てはいと小さき者と称《とな》えられる、言《い》い換《か》えると実相に一致《いっち》しないものだといわれるのであります。「最小《いと》さき」というのは実相に一致する程度《ていど》が最《もっと》も小さい、即《すなわ》ち実相に全然《ぜんぜん》一致しないという程《ほど》の意味《いみ》であります。ですから、逆《ぎゃく》に、最小《いと》さき誡命《いましめ》でも素直《すなお》にすっかり全《まっと》うするものは「天国にて大《おお》なる者と称《とな》えられん」即《すなわ》ち実相を完全《かんぜん》に生きたということになるのであります。

ですから、生長《せいちょう》の家《いえ》では実相を悟《さと》れば因果《いんが》の世界を超越《ちょうえつ》すると申《もう》しますが、因果《いんが》の世界を超越するということは決《けっ》して律法《おきて》を破《やぶ》らせるのじゃないのであって、律法《おきて》を自然法爾《じねんほうに》に成就《じょうじゅ》させることになるのです。この誡命《おきて》を自《し》然《ぜん》に成就することが楽《らく》であって、一歩《いっぽ》一歩考えて行《ゆ》かなくても、実相の中《なか》へ

自然法爾　仏教語。人為を加えなくてもそのままで、おのずから真理にかなっていること

入《はい》り込《こ》むということによって、実《じつ》に楽《らく》に、その律法《おきて》が守れるようになる。孔《こう》子《し》の言ったように自然《しぜん》にその行《おこな》い矩《のり》を超《こ》えずというようになって来《く》るのです。煙草《たばこ》でも、止《や》めよう止《や》めようと思っていて止《や》まらないというのは、これは一歩《いっぽ》一歩律法《おきて》に従《したが》おうとしていて、そうして実相《じっそう》の中《なか》へ入《はい》れない努力《どりょく》であります。ところが、実相の中《なか》へ入《はい》ってしまって心に真理《しんり》が摑《つか》めると、煙草《たばこ》でも酒でも、肉体《にくたい》に対《たい》して麻酔的《ますいてき》働《はたら》きをするようなものを飲む必要《ひつよう》がなくなってしまって、自然にそういう悪癖《あくへき》が消えてしまうのであります。そういう人《ひと》がつまり「天国《てんごく》にて大《おおい》なる者《もの》と称《とな》えられん。」実相の世界《せかい》に於《おい》て大《おお》いなるもの、実相に大いに一致《いっち》しているもの、より多く実相が現《あらわ》れているものというべきであるというのであります。

○我《われ》なんじらに告《つ》ぐ、汝《なんじ》らの義《ぎ》、学者《がくしゃ》・パリサイ人《びと》に勝《まさ》らずば、天国に入《い》ること能《あた》わず。

孔子　春秋時代の思想家。儒家の始祖。『論語』は孔子と弟子達の言行録

パリサイ人　キリスト時代のユダヤ教の一派。モーセの律法遵守を厳格に主張。イエスによってその形式主義などが激しく批判された

我なんじらに…　『新約聖書』「マタイ伝」第五章二〇節

そこでイエスがいわれるのに「汝《なんじ》らの義《ぎ》」（「義《ぎ》」というのは道徳律《どうとくりつ》に完《かん》全《ぜん》に従《したが》う、教《おし》えを素直《すなお》に守ることです。）そういうふうなことが学者《がくしゃ》、パリサイ人《びと》以上《いじょう》に本当《ほんとう》に守れるようでないと天国《てんごく》に入《い》ることは出来《でき》ない、こういう具合《ぐあい》にいっておられるのであります。

生長《せいちょう》の家《いえ》の誌友《しゆう》の方《かた》にも、「ねばならぬ」という事《こと》はないのが生長の家なんだから「何《なに》をやってもいいのだよ。」こういう具合《ぐあい》に脱線《だっせん》する人《ひと》が偶《たま》にありますけれども、それでは本当は実相《じっそう》の世界《せかい》へ入《はい》っていないのであります。実相の世界へ入《はい》ったならば一言一行《いちげんいっこう》悉《ことごと》く学者やパリサイ人《びと》よりも尚々《なおなお》完全に律法《おきて》が自然《しぜん》に守れるようになるべきなのです。無理《むり》に欲望《よくぼう》を抑《おさ》えて律法《おきて》を守ろうとするのではない。自然とそれが守れるようになる。そういうふうにならないものはまだ天国の最小《いと》さき者《もの》と称《とな》えられる——即《すなわ》ち、実相に一致《いっち》していない、とこういうことになるのであります。ここに「因縁《いんねん》を超越《ちょうえつ》する

一言一行　一つの言葉、一つの行動

──ねばならぬを解放《かいほう》する宗教《しゅうきょう》」に対《たい》する頂門《ちょうもん》の一針《いっしん》があるわけでありまして、イエスに従《したが》ってさえおれば、何《なに》をしても好《よ》いのだと、あんまりルーズになるものがイエスの時代《じだい》にもあったと見えまして、こういうふうな警告《けいこく》を発《はっ》しておられるわけであります。さて、その次の二十一節《せつ》を読んでみます。

形《かたち》よりも心が主《しゅ》

○古《いにし》えの人《ひと》に「殺すなかれ、殺す者《もの》は審判《さばき》にあうべし」といえることあるを汝等《なんじら》きけり。然《さ》れど我《われ》は汝《なんじ》らに告《つ》ぐ、すべて兄弟《きょうだい》を怒《いか》る者は、審判《さばき》にあうべし。また兄弟に対《むか》いて、愚者《おろかもの》よという者は、衆議《しゅうぎ》にあうべし。また痴者《しれもの》よという者は、ゲヘナの火にあうべし。この故《ゆえ》に汝《なんじ》もし供物《そなえもの》を祭壇《さいだん》にささぐる時《とき》、そこにて兄弟に怨《うら》まるる事《こと》あるを思《おも》い出《いだ》さば、供物《そなえもの》を祭壇のまえに遺《のこ》しおき、先《ま》ず往《ゆ》きて、その兄弟と和睦《わぼく》し、

頂門の一針　頭のてっぺんに針をたてる治療法。相手の急所をおさえて痛切な戒めを与えること。痛いところをつく教訓

頭注版㉚二〇〇頁

古えの人に…　『新約聖書』「マタイ伝」第五章二一～二六節

衆議　イエスが活動した時代のユダヤで行われた裁判

痴者　ばか者

ゲヘナ　gehenna 地獄を指す。『旧約聖書』『ヨシュア記』『列王紀』に記されたエルサレムの近くの谷の名に由来する。いけにえが捧げられ、悪人が死後罰せられる場所とされた

供物を祭壇に…　この言葉は、昭和五年十一月四日に著者に天降った「生長の家の食事」の神示の冒頭に引用されていること

和睦　仲直りすること

然《しか》るのち来《きた》りて、供物《そなえもの》をささげよ。なんじを訴《うった》うる者《もの》とともに途《みち》に在《あ》るうちに、早く和解《わかい》せよ。恐《おそ》らくは、訴《うった》うる者なんじを審判人《さばきびと》にわたし、審判人《さばきびと》は下役《したやく》にわたし、遂《つい》になんじは獄《ひとや》に入《い》れられん。誠《まこと》に、なんじらに告《つ》ぐ、一厘《りん》も残りなく償《つぐな》わずば、其処《そこ》をいずること能《あた》わじ。

イエス出現以前《しゅつげんいぜん》のユダヤはユダヤ教《きょう》でありましたが、ユダヤ教の律法《おきて》というものは形式上《けいしきじょう》の律法《おきて》であって、殺すなかれ、安息日《あんそくび》には仕事《しごと》を為《な》すなかれ、何々《なになに》するなかれというような塩梅式《あんばいしき》の律法《おきて》であったのであります。ところが、イエスが現《あらわ》れてきて新しい教《おし》えをした。新しい教えをしたといっても、その律法《おきて》をやぶってしまうのではない。律法《おきて》を成就《じょうじゅ》するのであります。どういう具合《ぐあい》に成就するのであるかと申《もう》しますと、ユダヤ教の律法《おきて》は形式上の教えであったけれども今度《こんど》はそういう形式上の教えだけではなしに、もう一層根本的《いっそうこんぽんてき》な心の内容《ないよう》にまで立入《たちい》ってそこに本当《ほんとう》の律法《おきて》が成就すること

然るのち　そうしてから後に

いずること能わじ　出ることができないだろう

安息日　ユダヤ教での聖日。神が天地を創造し終えて第七日めに休息したという『旧約聖書』「創世記」の記述に基づく。仕事を休んで宗教的儀式を行う日

になったのであります。「殺すなかれ」というのでも心で「あいつはわるい奴《やつ》だ、一《ひと》つ殺《や》ってやろうか」と思っても、実際《じっさい》それをやらなければ形《かたち》の方《ほう》に現《あらわ》れていないからユダヤ教《きょう》の方《ほう》では別段《べつだん》それが罪《つみ》にならなかった。ところがイエスの方《ほう》は、心の律法《おきて》を説《と》き始《はじ》めたのであります。「然《さ》れど我《われ》は汝《なんじ》らに告《つ》ぐ、すべて兄弟《きょうだい》を怒《いか》る者《もの》は、審判《さばき》にあうべし。また兄弟に対《むか》いて、愚者《おろかもの》よという者《もの》は、衆議《しゅうぎ》にあうべし。また痴者《しれもの》よという者は、ゲヘナの火にあうべし。」殺すとか擲《なぐ》るとか、形に顕《あらわ》れなくとも怒《いか》るということは、そのことはもう既《すで》に神の審判《さばき》を受けるということである、こういうようにイエスはいわれたのであります。生長《せいちょう》の家《いえ》でも、やはり怒《いか》るということは非常《ひじょう》によくないといっております。「怒《いか》れば直《ただ》ちに審判《さばき》にあう」ということを生長の家ではこういっています——怒《いか》るときは、自分《じぶん》の血液《けつえき》の中《なか》に毒素《どくそ》が出来《でき》る。毒素が出来ると「汝《なんじ》は今怒《いまいか》っている。毒殺《どくさつ》の刑《けい》に処《しょ》す」と、審判廷《しんぱんてい》で宣告《せんこく》されたのも同じことです。もうちゃんと、血液の中《なか》に毒素を注入《ちゅうにゅう》せられて毒殺

審判廷　事件を審理して裁決をする場所

の刑《けい》に処《しょ》せられつつあるのと同じことであります。

それからここには「兄弟《きょうだい》に対《む》いて、愚者《おろかもの》よという者《もの》は衆議《しゅうぎ》にあうべし」とありますが、生長《せいちょう》の家《いえ》では「総《すべ》ての人《ひと》は神の子である」と、こういう具合《ぐあい》に讃《たた》えます。「愚者《おろかもの》よ！」といわぬという消極的行《しょうきょくてきおこな》いよりも、「汝《なんじ》は神の子である」と積極的《せっきょくてき》に讃嘆《さんたん》する方《ほう》が一層好《いっそうい》いのであります。イエスはこのように人類《じんるい》の兄弟に対《たい》して「愚者《おろかもの》よ」ということはいけないと教《おし》えていられるにもかかわらず、イエスの弟子《でし》であるキリスト教《きょう》の牧師《ぼくし》たちが人類に対《むか》って、「罪人《つみびと》よ、罪人《つみびと》よ」と、悪口《わるくち》をとなえているというようなことでは、イエスの教えに背《そむ》くことになるばかりか、これでは本当《ほんとう》に人類を光明化《こうみょうか》することは出来《でき》ないのであります。

先晩《せんばん》、大隈会館《おおくまかいかん》に公演《こうえん》しました「釈迦《しゃか》と維摩詰《ゆいまきつ》」劇《げき》にも大目犍連《だいもくけんれん》が白衣《びゃくえ》の居士《こじ》どもを集めて説教《せっきょう》しておった。その説教の中《なか》で色々罪人《いろいろつみびと》であるとか、悪口《あっこう》、両舌《りょうぜつ》、綺語《きご》、妄語《もうご》というふうなわるい言葉を出すことがよくない

大目犍連　釈尊十大弟子の一人。友人の舎利弗（しゃりほつ）に誘われて仏弟子となり、教団の長老として教化に努めて神通第一と称された。目犍連。目連

居士　出家しないで在家で修行する男性の仏教信者

両舌　仏教語。十悪の一つ。両方の人にそれぞれ違った事を言って仲たがいさせること。二枚舌

綺語　仏教語。十悪の一つ。真実にそむいて巧みに飾った言葉

妄語　仏教語。五悪および十悪の一つ。うそをつくこと

と、そういう罪《つみ》を犯《おか》すなということを説教《せっきょう》しておったら、そこへ維摩詰《ゆいまきつ》が出て来て「貴様《きさま》がやはり人類《じんるい》の悪口《あっこう》いっているじゃないか」といって一本《ぽん》参《まい》ったというふうなことがありました。今《いま》までの宗教《しゅうきょう》は、往々《おうおう》にして人類に対《たい》して、「汝《なんじ》は悪人《あくにん》である。罪人《つみびと》である」という具合《ぐあい》に叱咤《しった》して、罪ということを言葉の力《ちから》によって、強調《きょうちょう》して罪を存在《そんざい》に入《い》れておったのであります。そういうことでは本当《ほんとう》の教《おし》えというものは布《し》けないのであります。ですからイエスはこの点《てん》を指摘《してき》せられたのです。我々《われわれ》は総《すべ》ての人間《にんげん》の実相《じっそう》を見て、「みんな神の子である。仏《ほとけ》の子である。みんな済《すく》われている」という言葉の力によってその実相の神性《しんせい》、仏性《ぶっしょう》を拝《おが》み出《だ》さなければならないのであります。といって、この「みんな救《すく》われている、みんな神の子である」という教えに反対《はんたい》してそれに駁論《ばくろん》して来《く》る者《もの》に対《たい》してはどうしたら好《い》いかというと、イエスも、こういう者に対しては、やはり手酷《てきび》しく駁論を加えておられる。生長《せいちょう》の家《いえ》は他人《たにん》をわるく言わない教えであるのに、或《あ》る場合《ばあい》に於《お》

叱咤　大声で叱りつけること

駁論　他人の説に反論し攻撃すること

ては生長《せいちょう》の家《いえ》でも生長の家に対《たい》する間違《まちが》った批評《ひひょう》に対して弁駁《べんばく》して応《こた》えている――あんなことするのは大人気《おとなげ》ないじゃないか、真理《しんり》は真理みずからを証明《しょうめい》するから非難《ひなん》は黙殺《もくさつ》して黙《だま》っておれば好《よ》い――こういわれる人《ひと》もあります。無論《むろん》黙っておって好《よ》い時《とき》もあれば、黙っていないで駁論《ばくろん》するのが好《よ》い時もあります。その駁論を見て、却《かえ》ってそれによって救《すく》われたという人もあります。間違《まちが》った批評に応酬《おうしゅう》するのは別《べつ》に怒《いか》りによって相手《あいて》をやっつけるつもりでするのではない。或《あるい》は人類《じんるい》の実相《じっそう》、本質《ほんしつ》そのものに対して「お前《まえ》は悪人《あくにん》である」というわけでもない。間違っていることを間違っていると指摘《してき》し、外道《げどう》を外道《げどう》であると指摘し、正法《しょうぼう》を正法であるとして主張《しゅちょう》するということは、必要《ひつよう》なことである。それ自身《じしん》が読者《どくしゃ》の興味《きょうみ》を惹《ひ》く問答体《もんどうたい》の宣伝文《せんでんぶん》にもなるのであります。キリストもその当時《とうじ》のパリサイ人《びと》或《あるい》は偽善《ぎぜん》なる学者《がくしゃ》に対して手酷《てきび》しく罵《ののし》っておられるのであります。「マタイ伝《でん》」第《だい》二十三章《しょう》の十三節《せつ》から十五節までにはこう書いてあります――「禍害《わざわい》なるかな、偽善な

弁駁　他人の説の誤りを突いて言い破ること。反駁

黙殺　無視して取り合わないこと

応酬　対立する意見や議論などを互いにやりとりすること。また、相手の攻撃に対してやり返すこと

外道　仏教徒から見て他の宗教やその信者を異端視して言う語

正法　仏教の正しい教え

偽善　本心ではなく見せかけの善行

る学者《がくしゃ》、パリサイ人《びと》よ、なんじらは人《ひと》の前《まえ》に天国《てんごく》を閉《とざ》して、自《みずか》ら入《い》らず、入《い》らんとする人《ひと》の入《い》るをも許《ゆる》さぬなり。禍害《わざわい》なるかな、偽善《ぎぜん》なる学者、パリサイ人《びと》よ……。禍害《わざわい》なるかな、盲目《めしい》なる手引《てびき》よ……」という具合《ぐあい》に罵《ののし》っておられるのであります。この当時《とうじ》のパリサイ人《びと》というのはユダヤ教《きょう》の律法《おきて》に一所懸命《いっしょけんめい》であって、形式《けいしき》ばかりに執《とら》われて、もう形式にちょっとでも間違《まちが》ったものは、みなそいつは神の教《おし》えに反《そむ》いているものであると号《ごう》して「人の前に天国を閉《と》じ」てしまったのであります。その当時の律法《おきて》の厳重《げんじゅう》であったという一例《れい》には、学者に対《たい》しては物《もの》を書く筆《ふで》を安息日《あんそくび》が近づいて来ると耳の上《うえ》に挟《はさ》むことを遠慮《えんりょ》したという程《ほど》であった。もし忘れて筆を耳に挟んでおってそのまま安息日《あんそくび》が来たら、「安息日《あんそくび》には仕事《しごと》をなすべからずという掟《おきて》があるのに貴様《きさま》はそこに鉛筆《えんぴつ》を担《かつ》ぐ仕事をしているじゃないか」というので罰《ばっ》せられたという程《ほど》で、魂《たましい》を忘れてしまって杓子定規《しゃくしじょうぎ》に律法《おきて》を守ることを奨励《しょうれい》していたのです。そしてその杓子定規《しゃくしじょうぎ》に執《とらわ》れないものは、天国へ入《はい》れないと天国を

号する　表向きにもっともらしく言う

杓子定規　物事を一定の法則や規則にあてはめ、応用や融通がきかないこと

人《ひと》の前《まえ》に閉《とざ》してしまったのです。そういう杓子定規《しゃくしじょうぎ》の教《おし》えを以《もっ》て、大衆《たいしゅう》の前《まえ》に天国《てんごく》の門を閉《とざ》してしまった者《もの》に対《たい》しては、イエスは激《はげ》しい言葉を以《もっ》て罵《ば》倒《とう》しておられるのであります。だから、「生長《せいちょう》の家《いえ》」もこのイエスの遣《や》り方《かた》と同じことでありまして、「人間《にんげん》は既《すで》に仏《ほとけ》である。この世界《せかい》は既《すで》に光明一元《こうみょういちげん》の世界である」というこの真理《しんり》の言葉を弘《ひろ》めて行《ゆ》くに当《あた》って、その光明思《こうみょうし》想《そう》の普及《ふきゅう》を妨《さまた》げる反対論《はんたいろん》に対《たい》しては、時《とき》と場合《ばあい》によっては、激《はげ》しく批《う》たなければならないこともあるのであります。

神は「和解《わかい》」の中《なか》に在《いま》す

その次に、供物《そなえもの》を祭壇《さいだん》にささぐる時に、兄弟《きょうだい》に怨《うら》まるる事《こと》があるということを思い出したならば、供物《そなえもの》を祭壇の前《まえ》へ遺《のこ》しておいて、先《ま》ず兄弟と仲《なか》良《よ》しになってから神様《かみさま》を拝《おが》めということがありますのは、『生命《せいめい》の實相《じっそう》』の

罵倒　激しい言葉でののしること

批つ　批判する

頭注版㉚二〇五頁

在す　いらっしゃる

巻頭《かんとう》にある、あの「和解《わかい》の神示《しんじ》」と同じことであります。神様《かみさま》というものは霊媒《れいばい》に招《よ》んで憑《うつ》って来たりするようなものでもなければ、或《あるい》は憂《うれ》い悲しんで神前《しんぜん》に平身低頭《へいしんていとう》しておったら神様に感応《かんのう》するというふうなものではない。神は渾《すべ》ての渾《すべ》てであって、渾《すべ》て一《ひと》つであるのでありますから、我《われ》と他《た》、彼《かれ》と我《われ》とが一《ひと》つに繋《つな》がる和解の中《うち》、愛の中《うち》に神というものはあるということがあの神示《しんじ》に書いてある。——それと同じ真理《しんり》をイエスはここで教《おし》えていられるのであります。

イエスの教えも、生長《せいちょう》の家《いえ》の教えも、形式的《けいしきてき》に祭壇《さいだん》の前《まえ》でお辞儀《じぎ》するだけが神様と一体《いったい》になることではないのであります。神様と一体になりたければ神様の心になる。神様の心とはどういう心かというと一切《いっさい》のものはみんな神様の造《つく》り給《たま》うたものである。一切は神様である。一切を一つに結《むす》び合《あわ》して一切を包《つつ》んでいるのが神様である。であるから、吾々《われわれ》は一切を結び合し、包《ほう》容《よう》しみんな仲良《なかよ》しにして手を繋《つな》ぎ合《あ》ったところにそこに神様というものが出

霊媒　神霊や死者の霊を自分の身を媒介にして降霊させる能力をもつ者
憑る　のりうつること
平身低頭　ひれ伏して頭を下げ、恐れ入ること。また、ひたすら謝ること
感応　心が感じとりそれに反応すること
包容　包みいれる。寛大に受け入れる

てくるのです。だから、兄弟《きょうだい》と争《あらそ》っているような気持《きもち》があった場合《ばあい》にはその気持《きもち》を捨《す》ててしまった時《とき》に初《はじ》めてそこに神様《かみさま》がある。そういう心で神様に祈《いの》ったら必《かなら》ず祈《いのり》が叶《かな》えられるということになるのです。そうでなしに無暗《むやみ》に祭壇《さいだん》の前《まえ》へ行《い》って神様にばかりオベッカついてお辞儀《じぎ》をして、一方《いっぽう》では兄弟と心で争っているというのでは本当《ほんとう》にこれは神様と一《ひと》つになれないのであります。それでその次にはこうあります。

○「姦淫《かんいん》するなかれ」と言えることあるを汝等《なんじら》きけり。されど我《われ》は汝《なんじ》らに告《つ》ぐ、すべて色情《しきじょう》を懐《いだ》きて女を見るものは、既《すで》に心のうちに姦淫《かんいん》したるなり。もし右の目なんじを躓《つまず》かせば、抉《くじ》り出《だ》して棄《す》てよ、五体《ごたい》の一《ひと》つ亡《ほろ》びて、全身《ぜんしん》ゲヘナに投げ入れられぬは益《えき》なり。もし右の手なんじを躓《つまず》かせば、切りて捨《す》てよ、五体の一つ亡《ほろ》びて、全身ゲヘナに往《ゆ》かぬは益《えき》なり。

「姦淫するなかれ」…『新約聖書』「マタイ伝」第五章二七～三〇節
姦淫　女性を犯すこと
色情　肉体的な欲望
五体　身体の五つの部分。頭・首・胸・手・足。または、頭・両手・両足。転じて、からだ全体今《いま》までのユダヤ教《きょう》の教《おし》えでは形式《けいしき》の教えになっておったのが、ここでは心の教えになっているのであります。「姦淫《かんいん》したものは石にて打殺《うちころ》せ」というふうなユダヤ教の掟《おきて》があったけれども、イエスの言われるのはそういう形《かたち》のことだけで言われるのではない。「われは律法《おきて》を成就《じょうじゅ》せんがためにきたのである」そんな形式的《けいしきてき》の片手《かたて》落《お》ちの律法《おきて》ではない。もっと深い教えである。それは心の方面《ほうめん》をいっておられるのであります。「色情《しきじょう》を懐《いだ》きて女を見るものは、既《すで》に心のうちに姦淫《かんいん》したるなり。」これはやはり心の法則《ほうそく》でありまして心に起《おこ》った事《こと》が形に現《あらわ》れる。しかし心に起《おこ》った事が必《かなら》ずしも直《すぐ》に形に現《あらわ》れて来ない。或《あ》る場合《ばあい》にはそれが長い間《あいだ》蓄積《ちくせき》されていてそうしてそれが後《のち》になってはじめて現《あらわ》れることがありますから、「私は何《なに》もそんな心を起《おこ》さぬのにこんなになった」というふうな人《ひと》もありますが、或人《あるひと》は前生《ぜんしょう》にそういうふうな心を起《おこ》したのが今生《こんじょう》に出て来ているのもあるのであります。ともかくも、心にそういう罪《つみ》を犯《おか》したならばそれは形に犯したのと同じことである、

前生 仏教語。この世に生まれる前の世。前世

今生 仏教語。この世に生きている間。現世

こういう具合《ぐあい》にイエスはいわれたわけであります。

花は紅《くれない》 柳《やなぎ》は緑《みどり》

そういうと、凡《すべ》て女の人《ひと》を見て美しいなと思うたらわるいかしら、こう思われる人があるかも知れないけれども、美しいのは美しい。先日《せんじつ》維摩詰《ゆいまきつ》の劇《げき》で維摩詰《ゆいまきつ》が「美しい女は美しい」といってアーシャラ尊者《そんじゃ》に一喝《いっかつ》しましたのがそれであって、「美しい女は美しい、花は紅《くれない》、柳は緑」であるというように、素直《すなお》に美しいものは美しいとして見ればいいのであります。それが美しいものが醜《みにく》く見えたり、醜いものが美しく見えたりしたらそれこそ間違《まちがい》である。だから美しいものは美しく見えることが必要《ひつよう》なのです。

先晩《せんばん》の人類光明化劇《じんるいこうみょうかげき》を観《み》まして、私は大変満足致《たいへんまんぞくいた》したのでありまして、恋愛《れんあい》の場面《ばめん》もあり、或《あるい》は菩薩《ぼさつ》を魔女《まじょ》が誘惑《ゆうわく》する場面もあるのであります。

頭注版㉚二〇七頁

アーシャラ尊者 阿沙羅尊者。「釈迦と維摩詰」の第二幕で釈迦の十大弟子の一人である優波離(ウーパリ)尊者の弟子として登場する僧。上記の一喝は第三幕で維摩詰が魔王波旬に対して発した言葉

尊者 仏教語。知徳を備えた仏弟子の敬称

一喝 悟りを得させるために大声でどなりつけること

菩薩 仏教語。仏の次の位にあり、悟りを求め、さらに人々を救うために多くの修行を重ねる者

台詞《せりふ》の中《なか》にも大分《だいぶ》誘惑的《ゆうわくてき》な言葉が使ってあるのでありますけれども、それがあの舞台面《ぶたいめん》に現《あらわ》れているところでは、私がかく演出《えんしゅつ》したいというふうによく出来《でき》ておりまして、ちっとも肉感的《にくかんてき》な感《かん》じが出ず、完全《かんぜん》に芸術《げいじゅつ》として昇《しょう》華《か》せられていまして、ああいう恋愛《れんあい》の場面《ばめん》でも、天女《てんにょ》の誘惑《ゆうわく》の場面でも、離《はな》れた感《かん》じが出ていました。裸体《らたい》の彫刻《ちょうこく》を見ましても、裸体《らたい》画《が》を見ましても性慾《せいよく》が起《おこ》らないで、何《なん》となしにそこに生命《せいめい》の美《び》というものを感ずる。これは芸術というものが物質《ぶっしつ》に即《そく》して、肉体《にくたい》ありとして実感的《じっかんてき》に人間《にんげん》を見ないで、肉体を見ながらも、肉体を見ず、その背後《はいご》にある生命《せいめい》の美《び》を見て、その美《び》をそこに描《えが》き出《だ》しているからなのです。当《あた》り前《まえ》なら、裸体の婦人《ふじん》が少しも隠《かく》さずにそこに立っているとすれば何《なん》らかの実感《じっかん》を受ける。ところが、芸術作《げいじゅつさく》品《ひん》に於《お》ける裸体彫刻とか、裸体画とかいうものが、観者《かんしゃ》に実感が起《おこ》らないように表現《ひょうげん》されているというのは、その芸術家《げいじゅつか》が即《つ》いた心で(換言《かんげん》すれば)肉感的な心で描《えが》いていない、美《び》を美《び》として描《えが》いている、生命《せいめい》を生命《せいめい》として描《えが》い

肉感的　直接肉体を刺激されたように生々しく感じられるさま。性欲をそそるさま
昇華　低位の欲望が高位の人間の精神活動に置き換えられること
観者　見物する人。観覧する者
即く　ぴったりと重なる

ている。これは感官《かんかん》の接触《せっしょく》を楽します物質的肉塊《ぶっしつてきにくかい》であるとして描《えが》いているのではないのであって、美《び》を美《び》として描《えが》いている。物質《ぶっしつ》を見ても、物質を見ないで、その奥《おく》の生命《せいめい》だけを見て表現《ひょうげん》する――これが芸術《げいじゅつ》の昇華作用《しょうかさよう》というものであり、そこに裸体画《らたいが》なり、裸体彫刻《らたいちょうこく》なりの、実感《じっかん》に非《あら》ざる美感《びかん》というものが生《うま》れて来るのです。先日の「釈迦《しゃか》と維摩詰《ゆいまきつ》」劇《げき》にでも、恋愛《れんあい》の場《ば》面《めん》もあり、魔女《まじょ》の誘惑《ゆうわく》の場面もあるけれども、あれを美《び》を美《び》として私も書いたつもりだし、出演《しゅつえん》された人《ひと》もそういうつもりであすこに出演されているので、非常《ひじょう》な美しい一《ひと》つの絵を見るような、何《なん》ともいえないこの美感が感得《かんとく》出来《でき》るのであります。あれがつまり美《び》を美《び》として見る感じであって、美しい婦人《ふじん》を見てもそういうように美感としてその美《び》を感賞《かんしょう》するならば、「あああの女は美しい！」と思っても、それは「女を見て色情《しきじょう》を起《おこ》す者《もの》」のうちには入《はい》らないのであります。イエスが、「女を見て色情を起《おこ》す者は既《すで》に姦淫《かんいん》したるなり」といったのは、女を見て直《ただち》に性欲《せいよく》の対象《たいしょう》として観《み》るような人

感官　感覚器官の略。身体の表面にあって、外界の刺激を感じとる器官

感賞　感心してほめたたえること

をいうのであります。イエスは、そういう即《つ》いた感《かん》じを以《もっ》て女を見たりするような者《もの》に対《たい》しては「もし右の目なんじを躓《つまず》かせば、抉《くじ》り出《だ》して棄《す》てよ。」こういう具合《ぐあい》にいっておられるのです。

イエスのこの誡命《いましめ》は実際《じっさい》に肉体《にくたい》の目を抉《えぐ》って棄《す》てなさいということではない。もし、そうだったら現代《げんだい》のキリスト教信者《きょうしんじゃ》の大部分《だいぶぶん》は肉体の目を抉《えぐ》り出《だ》して盲目《めくら》になってしまわねばならない。イエスの真意《しんい》は、肉体を肉体と見る――そういう即《つ》いた感じで見るような心を捨《す》ててしまいなさいということであります。美《び》を美《び》として見ないで、性欲《せいよく》の相手《あいて》と見るような、そんな五官《ごかん》の眼《まなこ》を抉《えぐ》って捨ててしまって、そうして実相《じっそう》の眼《め》によってその美《び》を美《び》として見るようになさいということをいっておられるのであります。次の三十一節《せつ》には離婚問題《りこんもんだい》に関《かん》するイエスの意見《いけん》が書いてあります。

五官　外界の事物を感じ取る五つの感覚器官。目・耳・鼻・舌・皮膚

夫婦《ふうふ》は神の合《あわ》せもの

○また「妻《つま》をいだす者《もの》は離縁状《りえんじょう》を与うべし」といえることあり。されど我《われ》は汝《なんじ》らに告《つ》ぐ、淫行《いんこう》の故《ゆえ》ならで其《そ》の妻をいだす者は、これに姦淫《かんいん》を行《おこな》わしむるなり。

これは当時《とうじ》のユダヤ教《きょう》の掟《おきて》に「妻を出《い》だすものは離縁状を与うべし」というのがあったに対《たい》してイエスの見地《けんち》を述《の》べておられるのであります。離縁状を出しさえしたら、細君《さいくん》はいくら離縁《りえん》しても一向差支《いっこうさしつかえ》がないというような、形式的《けいしきてき》なことで人生《じんせい》の重大事《じゅうだいじ》たる結婚問題《けっこんもんだい》が定《さだ》められては堪《たま》ったものではない。ここにも当時の、形式主義《けいしきしゅぎ》に対するイエスの生命主義《せいめいしゅぎ》の抗議《こうぎ》があるのであります。「神によって婚《めあわ》されたものは神でないと引離《ひきはな》すことが出来《でき》

頭注版㉚二一〇頁

合せもの　二つ以上のものを合わせて一つとしたもの

また「妻を…　『新約聖書』「マタイ伝」第五章三一〜三二節

淫行　道義に反する情事。姦淫

故ならで　ためではなく

見地　見解

細君　自分または同輩や目下の人の妻

めあわす　結婚させる

ない」のであります。一旦神縁《いったんしんえん》が結ばれて夫婦《ふうふ》になった以上《いじょう》は、双方《そうほう》に不完全《ふかんぜん》なところがありましても、直《す》ぐ別《わか》れ話《ばなし》などを持出《もちだ》したりしないでどこどこまでも、その因縁《いんねん》を突《つ》き貫《つらぬ》いて、改善《かいぜん》して行《ゆ》かなければならないのです。双方がつとめて相手《あいて》の実相《じっそう》を観《み》るようにしたならば、見せかけは、どんなにわるい奥《おく》さんでも、どんなに悪い夫《おっと》でも、みな神の子なのですから必《かなら》ず良《よ》くなれるのであります。みんな調和《ちょうわ》している――これが本当《ほんとう》の実相の世界《せかい》であります。それを少《すこ》しく気が合わないからとか、あいつは趣味《しゅみ》が合わないからとか、あいつは言うことを聞かぬ、強情者《ごうじょうもの》であるからとかいうようなことで離縁《りえん》するというようなことでは、その離縁された者《もの》は又他《またほか》の男と婚《めあ》うことになるから、その妻《つま》をして姦淫《かんいん》を犯《おか》さしめるということになり、姦淫幇助罪《かんいんほうじょざい》ということになるのだ、とこうイエスはいっておられるのであります。次に第《だい》三十三節《せつ》に移《うつ》ります。

幇助　他人の犯罪などの実行を手助けすること

誓《ちか》うなかれ、唯諾々《ただはいはい》と言え

○また古《いにし》えの人《ひと》に「いつわり誓うなかれ、なんじの誓《ちかい》は主《しゅ》に果《はた》すべし」といえる事《こと》あるを汝《なんじ》ら聞けり。されど我《われ》は汝《なんじ》らに告《つ》ぐ、一切《いっさい》ちかうな、天《てん》を指《さ》して誓うな、神の御座《みくら》なればなり。地《ち》を指して誓うな、神の足台《あしだい》なればなり。エルサレムを指して誓うな、大君《おおきみ》の都《みやこ》なればなり。己《おの》が頭《かしら》を指して誓うな、なんじ頭髪一筋《かみのけひとすじ》だに白くし、また黒くし能《あた》わねばなり。ただ然《しか》り然《しか》り、否々《いないな》といえ、之《これ》に過《す》ぐるは悪《あく》より出《い》ずるなり。

ここにイエスは「誓う」ということのよくないということをいっておられるのです。「誓う」というのは生長《せいちょう》の家《いえ》でいう「ねばならぬ」ということであります。「ねばならぬ」ということに執《とら》われては生命《せいめい》の自由《じゆう》を縛《しば》ってしま

頭注版㉚二一一頁

また古えの人に… 『新約聖書』「マタイ伝」第五章三三〜三七節

御座 キリスト教で神の座

エルサレム パレスチナの中心都市。ユダヤ教、キリスト教、イスラム教それぞれの聖地

だに …さえ

うことになるのであります。誓《ちか》うということは自分自身《じぶんじしん》で「こう必《かなら》ずせねばならぬ」と人間心《にんげんごころ》で自分自身の生命《せいめい》の神催《かみもよお》しの流《ながれ》を縛《しば》って行《ゆ》くということになるのであります。自我《じが》の心で「必ずこうします」と自分《じぶん》で誓いましても、神様《かみさま》の方《ほう》から見たらもっと好《よ》い現《あらわ》れ方《かた》があるというふうな場合《ばあい》には、或《あるい》は別《べつ》の現《あらわ》れ方《かた》が出て来るのであります。

一例《れい》を以《もっ》て言いますれば、生長《せいちょう》の家《いえ》にしましても、原宿《はらじゅく》の停車場《ていしゃば》の附近《ふきん》に土地《とち》を求めて、そこへ道場《どうじょう》を拵《こしら》えようとこう考えたのは我《が》の計画《けいかく》だったのです。神様は肉体人間《にくたいにんげん》の考えよりも、もっと好《よ》いものを考えて下《くだ》さっていたのであります。あそこへ建築《けんちく》しておったら、工事《こうじ》に半年《はんとし》はかかりますから、今時分《いまじぶん》に竣功《しゅんこう》しているかどうかもわからないのであります。出来上《できあが》っているにしても、この檜町《ひのきちょう》の講堂《こうどう》よりもうちっと手狭《てぜま》な位《くらい》な道場が出来《でき》たにすぎないのですから、この檜町《ひのきちょう》の講堂でさえ、もう日曜《にちよう》には一杯《いっぱい》ですから、原宿の方《ほう》へ建《た》てていたのでは出来上《できあが》ると同時《どうじ》に狭《せま》くなって又移転《またいてん》を考え

神催し　人知を超えた存在によっておのずと導かれること

原宿　現在のJR山手線東側地域の通称名。当時求めた土地には昭和十三年に生長の家学生寮が開設された。昭和二十九年には本部会館が落慶した

竣功　建築工事や土木工事が完了すること。落成。竣工

檜町　現在の東京都港区赤坂八～九丁目の旧称である赤坂檜町。本書二〇頁の山脇高等女学校の旧校舎を譲り受けて生長の家本部とした

なければならないのです。だから原宿《はらじゅく》の土地《とち》に工事《こうじ》を着手《ちゃくしゅ》しようという時《とき》になって、檜町《ひのきちょう》の山脇高女《やまわきこうじょ》のこの校舎《こうしゃ》が見つかったのは実相《じっそう》の智慧《ちえ》が導《みちび》いてくれたのであります。「一旦《いったん》原宿の土地に講堂《こうどう》を建《た》てると誓《ちか》った以上《いじょう》は、どうでもこうでも建てなければならぬ。何月何日迄《なんがつなんにちまで》には必《かなら》ずこうしなければならぬ」と誓ってしまうことは、自我《じが》の誓《ちかい》に執著《しゅうじゃく》して実相の素直《すなお》な顕《あらわ》れを邪魔《じゃま》してしまうことになるのであります。だけれども、「誓《ちか》う勿《なか》れ」とあるから何月何日に講演会《こうえんかい》を開《ひら》くというような予定《よてい》を前《まえ》から発表《はっぴょう》することは誓うことになるから不可《いかぬ》かというと、必ずしもそういうものではない。吾々《われわれ》は「誓うなかれ」ということにも執《とら》われて「決《けっ》して私は誓わない」といって誓ってもいけないのであります。それでは、「誓わない」ということを誓ったということになってしまうのです。そうなるとやはりその人《ひと》は誓いをしているわけです。「誓わない」ということにも凝《こ》り固《かた》まると人間生命《にんげんせいめい》の融通自在《ゆうずうじざい》性《せい》が欠けてしまって、もう何時《なんじ》に講演会があるのだか、無《な》いのだかもわからぬことになってしまい、集《あつま》りに往《い》って好《よ》いのか往《い》って悪いのか判《わか》らないことになってしまう。芝居《しばい》をやるにも一定《いってい》の興行期間《こうぎょうきかん》を約束《やくそく》して上演出来《じょうえんでき》ないことになる。一切《いっさい》の人間社会《にんげんしゃかい》の時間的約束《じかんてきやくそく》というものが毀《こわ》れてしまって、実《じっ》際生活《さいせいかつ》の標準《ひょうじゅん》が全部崩壊《ぜんぶほうかい》してしまう。これではならないのです。人間《にんげん》の実際生活を完《まっと》うするためには誓《ちか》っても好《よ》い誓《ちかい》がなくてはならない。そういう誓《ちかい》というものは、人間の計《はか》らいによって誓うのではないので、自然《しぜん》と誓わしめられる時《とき》には素直《すなお》に誓うのが好《よ》いのであります。そいつを「誓ってはいけない」といって、どんな誓《ちかい》でも、みんな誓《ちかい》はいけないということに執《とら》われてしまうと、生活《せいかつ》が出来なくなるのであります。それですから、ひと度《たび》は一切の「ねばならぬ」を斬《き》り捨《す》ててしまって、そうして実相智《じっそうち》と一致《いっち》して、実相の一《ひと》つの道《みち》から催《もよお》して出るところの無限《むげん》の道というもの――その無限の、自由《じゆう》自在《じざい》な、応現自在《おうげんじざい》の道というものに法爾自然《ほうにじねん》に合致《がっち》して行《ゆ》くようにすることが、これが本当《ほんとう》に「誓《ちか》う勿《なか》れ」を完《まっと》うする道であります。

興行　観客から入場料などを徴収して映画や相撲、演劇、見世物などを催すこと

それですから、生長《せいちょう》の家《いえ》は、総《すべ》ての律法《おきて》を毀《こぼ》つために来《き》たのではない。総《すべ》ての律法《おきて》を成就《じょうじゅ》するために来たのです。一旦総《いったんすべ》ての「ねばならぬ」を斬《き》って捨《す》ててしまって、そうして再《ふたた》び心の欲《ほっ》するところに従《したが》って自由自在《じゆうじざい》に律法《おきて》を自然法爾《じねんほうに》に履《ふ》み行《おこな》うということになるのであります。

これはなかなか難《むつ》かしい問題《もんだい》でありまして、「生長の家にはねばならぬはないのだから、どうしておっても好《よ》いのだ」といってルーズになる人《ひと》があるのでありますけれども、真《しん》に人為《じんい》の計《はか》らいの「ねばならぬ」を脱却《だっきゃく》してしまった時《とき》にこそ、自然《しぜん》に実相《じっそう》の律《りつ》というものが出て来るのであります。教《おし》えなくても、実相に乗った人がピアノを弾《ひ》くとすればそこに自然と好《よ》いリズムが出て来るのです。或《あるい》は何《なに》かの心持《こころもち》を音楽《おんがく》に現《あらわ》そうという場合《ばあい》に、その人が作曲家《さっきょくか》で実相に乗った人であれば自然にそれが本当《ほんとう》に好《よ》い律《りつ》となって現《あらわ》れてくるのであります。或《あ》る本にこんなことが書いてありました、弾奏中《だんそうちゅう》のヴァイオリンの絃《いと》を、硝子《ガラス》の上《うえ》に細かい砂《すな》を万遍《まんべん》なく振《ふ》り撒《ま》いておいたもの一端《いったん》に触《ふ》れさせるとします。そうするとこの硝子《ガラス》の上《うえ》に載《の》っている砂《すな》が綺麗《きれい》な模様《もよう》になって整列《せいれつ》するのだそうです。決《けっ》して出鱈目《でたらめ》、無茶苦茶《むちゃくちゃ》にその砂は動かないで一《ひと》つの律《りつ》がそこに綺麗《きれい》な形《かたち》に現《あらわ》れてくるのであります。これで観《み》ましても本当《ほんとう》の生命《せいめい》の動くところには、支離滅裂《しりめつれつ》、出鱈目《でたらめ》というものはないのであって、本当に規律整然《きりつせいぜん》たる美《び》というものがそこに出て来ることが判《わか》るのであります。本当の規律整然たる美《び》が出て来ないのは、これは生命《せいめい》の実相《じっそう》が自然《しぜん》のヒビキを立てていないということに外《ほか》ならない。本当の実相の生命《せいめい》が流露《りゅうろ》して来た時《とき》には総《すべ》ての掟《おきて》というものが全《まっと》うせられるということになるのであります。

神の光《ひかり》は善人《ぜんにん》をも悪人《あくにん》をも照《て》らす

次に「マタイ伝《でん》」第《だい》五章《しょう》三十八節《せつ》を読みます。

流露　流れ出てあらわれること

頭注版㉚二一五頁

次に…　ここより昭和十年十二月二十二日に赤坂の本部講堂で行われた三回目の「山上の垂訓」の講義。筆記録は『生長の家』誌昭和十一年六月号に掲載され、後に『生命の實相』全集「聖典講義篇」として収録された

○「目には目を、歯には歯を」といえることあるを汝《なんじ》ら聞けり。されど我《われ》は汝等《なんじら》に告《つ》ぐ、悪《あ》しき者《もの》に抵抗《てむか》うな。人《ひと》もし汝《なんじ》の右の頬《ほほ》をうたば、左をも向けよ。なんじを訴《うった》えて下衣《したぎ》を取らんとする者には上衣《うわぎ》をも取らせよ。人もし汝《なんじ》に一里《りゅ》行く事《こと》を強《し》いなば、共《とも》に二里ゆけ。汝《なんじ》に請《こ》う者に与え、借《か》らんとする者を拒《こば》むな。「汝《なんじ》の隣《となり》を愛し、汝の仇《あだ》を憎《にく》むべし」と云《い》えることあるを汝等《なんじら》きけり。されど我《われ》は汝《なんじ》らに告《つ》ぐ、汝《なんじ》らの仇《あだ》を愛し、汝《なんじ》らを責《せ》むる者のために祈《いの》れ。これ天《てん》にいます汝《なんじ》らの父《ちち》の子とならんためなり。天の父は其《そ》の日《ひ》を悪《あ》しき者の上《うえ》にも、善《よ》き者の上《うえ》にも昇《のぼ》らせ、雨を正しき者にも、正しからぬ者にも降《ふ》らせ給《たま》うなり。

「目には目を、…」『新約聖書』「マタイ伝」第五章三八〜四五節

一里　約四キロメートル

仇　敵対する者。かたき

ここにイエスが神を如何《いか》に見たかということが現《あらわ》れているのであります。神というものは、善《ぜん》なる者にも悪《あく》なる者にも、総《すべ》ての者に、ちょうど太陽《たいよう》の

御光《みひかり》のように一様《いちよう》に照《て》り輝《かがや》く。これが神の愛であるということが此章《ここ》に現《あらわ》れているのであります。今迄《いままで》諸多《おおく》の宗教《しゅうきょう》に於《お》きまして、神様《かみさま》というものは悪《あ》しき者《もの》には神罰《しんばつ》を下《くだ》し給《たま》い、善《ぜん》なるものには、御利益《ごりやく》を与《あた》え給《たま》うというふうに説《と》かれていたことが往々《おうおう》あります。旧約《きゅうやく》の、ユダヤ教《きょう》の方《ほう》の神様も、やはり神罰《しんばつ》を下《くだ》す神だということが、『旧約聖書《きゅうやくせいしょ》』の所々方々《しょしょほうぼう》に現《あらわ》れておるのであります。然《しか》るにイエスはそういうユダヤ教の教《おし》えの中《なか》に生《う》れて、はじめてユダヤ教の偏狭《へんきょう》な神罰《しんばつ》の神、怒《いか》りの神、嫉《ねた》みの神から超脱《ちょうだつ》して、神というものは、そういう神罰《しんばつ》を下《くだ》すような残酷《ざんこく》なものではない、総《すべ》ての者に、善《ぜん》人《にん》にも悪人《あくにん》にも一様《いちよう》に、太陽《たいよう》の御光《みひかり》のように、一様《いちよう》に平等《びょうどう》に愛の光《ひかり》を灑《そそ》ぎ給《たま》うものであるという、新しき神観《しんかん》を下《くだ》されたのは、流石《さすが》に神の実相《じっそう》を知っていられたわけであります。

御利益　神仏が与える恩恵

超脱　超越すること

生長《せいちょう》の家《いえ》は如何《いか》に神《かみ》を観《み》るか

頭注版㉚二一六頁

生長の家でもこのイエス・キリストの神観《しんかん》と同じ神の観念《かんねん》を有《も》っているのであります。在来往々《ざいらいおうおう》にしてあった一部《ぶ》の宗 教《しゅうきょう》のように神を観《み》るのにそういう依怙贔屓《えこひいき》の喜怒哀楽《きどあいらく》の神様《かみさま》であるとは観《み》ないのであります。今迄《いままで》の宗教に於《お》きましては神様の前《まえ》に跪《ひざまず》いて一所懸命《いっしょけんめい》に、掻《か》き口説《くど》いて赦《ゆる》しを乞《こ》う、そうでなければ赦《ゆる》し給《たま》わないのが神であると思っている人《ひと》もあります。或《あるい》は一所懸命《いっしょけんめい》に祈《いの》って、「これを与え給《たま》え、あれを与え給《たま》え」と祈る、そうするとその祈ったものを神は与え給《たま》うけれども、もし祈らなければ与え給《たま》わないというふうに神様を考えている人もある。しかし詫《あやま》るから赦《ゆる》す、祈るから与えるというようなそういう依怙贔屓《えこひいき》の神様は本当《ほんとう》の神様でない。総《すべ》ての人間《にんげん》に一様《いちよう》に御利益《ごりやく》を与え給《たま》うているのが本当の神様である。イエスはこの

掻き口説く 相手の承諾を求めてくどくどと繰り返して言うこと

ように、平等包容的《びょうどうほうようてき》に神様《かみさま》を考えたので天《てん》の父は「其《そ》の日《ひ》を悪《あ》しき者《もの》の上《うえ》にも、善《よ》き者の上《うえ》にも昇《のぼ》らせ、雨を正しき者にも、正しからぬ者にも降《ふ》らせ給《たま》うなり」とこういわれたのであります。成程《なるほど》、今迄《いままで》の宗教《しゅうきょう》に於《お》て、神様に祈《いの》って、その祈ったために御利益《ごりやく》があったということも実際《じっさい》あるのでありえます。また、何《なに》か悪いような念《こころ》を持てば、その心の持方《もちかた》に従《したが》ってそれ相応《そうおう》の神罰《しんばつ》と見えるような事《こと》が現《あらわ》れて来ることも実際《じっさい》あるのであります。神様に神《しん》罰《ばつ》は無《な》いはずでありますのに神罰《しんばつ》らしいものがあらわれて来るのは、それを如何《いか》に解《かい》すべきものでありましょうか。

神罰《しんばつ》らしいものが現《あらわ》れる理由《りゆう》

或《あ》る新興宗教《しんこうしゅうきょう》の教団《きょうだん》などでも「病気《びょうき》というものは神様の御知《みし》らせである。不幸災難《ふこうさいなん》は神様の御知《みし》らせである」と申《もう》します。神示《しんじ》と書いて「み知ら

頭注版㉚二一七頁

新興宗教 古くからある既成宗教に対して新しく興った宗教。日本では主に幕末・維新期以降に成立した宗教を指す

せ」と読ませておりますが、その意味《いみ》は神様《かみさま》が「お前《まえ》の心はこんなに悪いから、気を附《つ》けろ」といって、色々《いろいろ》病気《びょうき》や災難《さいなん》で現《あらわ》して警告《けいこく》せられるのだという具合《ぐあい》に説明《せつめい》しているようであります。ところが凡夫《ぼんぷ》の愚《おろ》かさで、病気や災難が出て来ても、それを物質的原因《ぶっしつてきげんいん》に帰《き》することが多くて、どんな心のシルシとしてその病気なり災難なりが出ているか判《わか》らない。そこで病気や災難が出て来たら、「お前の心の持方《もちかた》というものは、ここがこういうふうに悪いのだ」ということを知らしてくれる誰《たれ》かがなくては、判《わか》らないのです。そこで、その新興宗教《しんこうしゅうきょう》の教団《きょうだん》では教祖《きょうそ》から御神宣《ごしんせん》を戴《いただ》く。その御神宣《ごしんせん》というものはどんなことが書いてあるかと申《もう》しますと、「今後一切腹立《こんごいっさいはらだ》てません。決《けっ》してぶつぶつの心を起《おこ》しません。決してむらむらの心を起《おこ》しません」というふうに、こちらから神様に誓《ちか》うような書き方になっております。

肉体《にくたい》も環境《かんきょう》も心の投影《かげ》ですから、いつも明朗《めいろう》な晴《は》れ渡《わた》った心を有《も》っていて迷《まよ》いのぶつぶつ心《ごころ》や、むらむら心《ごころ》を出さなければ、病気が治《なお》り、運命《うんめい》が治《なお》る

凡夫 仏教語。悟りに至っていない愚かな者

御神宣 「ひとのみち」教団で教祖が授ける神のお告げ

のは当然《とうぜん》であります。この新興宗教《しんこうしゅうきょう》の信者《しんじゃ》にて神様《かみさま》への誓《ちか》いを実際《じっさい》に実行《じっこう》して病気《びょうき》が治《なお》ったというふうな実例《じつれい》も往々《おうおう》にしてあるのであります。しかし悉《ことごと》く治《なお》るというわけには行《ゆ》かないのであります。これは、腹立《はらだ》てまいと抑《おさ》えて腹立《はらだ》たなくなる位《くらい》なら、世《よ》の中《なか》は難《むつ》かしくないのですが、腹立《はらだ》てまいと思っても腹立《はらだ》つのが人情《にんじょう》である。それどころか、神様でさえ腹を立てて人間《にんげん》に神罰《しんばつ》を与えているというような教《おし》えでは腹立《はらだ》ちを止《と》めることは中々難《なかなかむつ》かしいのです。腹立《はらだ》ちが治《なお》っていなければ、心の間違《まちがい》が治《なお》っていないから病気が治《なお》らないのも当然であります。ですから何《なに》も殊更《ことさら》に心の持方《もちかた》の悪い者《もの》に神様が腹を立てて罰《ばっ》しているというふうに神様を残酷《ざんこく》な懲罰者《ちょうばつしゃ》だと解釈《かいしゃく》しない方《ほう》が好《よ》いのであります。すべて病気、不幸《ふこう》、災難《さいなん》は自分《じぶん》の心の反映《かげ》だという「生長《せいちょう》の家《いえ》」式《しき》の解釈で行《ゆ》けば、神様をば、罰《ばち》を当てるような「無《む》慈悲《じひ》な存在《そんざい》」だと傷《きず》つけないで済《す》むのであります。その上《うえ》、生長の家では『生命《せいめい》の實相《じっそう》』を読めば、御神宣《ごしんせん》を貰《もら》わなくても、どういう心の持方《もちかた》がどういう病気《びょうき》を起《おこ》しているかが自己分析《じこぶんせき》して解《わか》るようになっていますので、殊更《ことさら》に御神宣《ごしんせん》を貰《もら》う必要《ひつよう》がない。神を神罰《しんばつ》を下《くだ》すような存在《そんざい》だと思っていると、恐《こわ》いもの見たさで、却《かえ》って人間《にんげん》は悪《あく》を犯《おか》してみたくなるのです。当《あた》り前《まえ》で食べたら美味《おい》しくない饅頭《まんじゅう》でも、雪隠《せっちん》で食べたら味わいがあるのというのもそれです。奥様《おくさま》よりも遊女《ゆうじょ》に戯《たわむ》れる方《ほう》が面白《おもしろ》いというのもそれです。悪いことをしたら叱《しか》られると思うと味わいが出て来るのです。叱られも何《なに》もしない、神罰《しんばつ》なんか無《な》いものだと判《わか》ったら人間は「悪《あく》」を行《おこな》う味わいを失ってしまって、饅頭《まんじゅう》は臭《くさ》い雪隠《せっちん》で食べるよりも、清潔《せいけつ》な食卓《しょくたく》で食べる方《ほう》が美味《おい》しく感《かん》じられ、女は不潔《ふけつ》な遊女に戯《たわむ》れるよりも、貞潔《ていけつ》な奥様と話している方《ほう》が楽しみになって来るのです。だから神罰《しんばつ》の恐怖《きょうふ》は却《かえ》って人《ひと》を罪《つみ》に導《みちび》き、神罰《しんばつ》の恐怖を去ることが却《かえ》って人から罪を遠ざける結果《けっか》となるのです。ところがイエス・キリストの観《み》た神の相《すがた》というものは、そういうふうな神罰《しんばつ》を下《くだ》すような恐《おそ》ろしい神ではないのであって、善人《ぜんにん》にも悪人《あくにん》にも一様《いちよう》に太陽《たいよう》の如《ごと》くそ

雪隠　便所。上方の『いろはかるた』に「雪隠(せんち)で饅頭」の諺がある

遊女　遊郭で働く女性

貞潔　みさおを守って行いが潔白なこと

の日光《にっこう》で照《て》らし温《あたた》めてくれ、善《よ》き者《もの》の上《うえ》にも悪《あ》しき者の上《うえ》にも、雨のように一様《いちよう》に潤《うるお》してくれている、これが神の愛であるとはっきりと宣言《せんげん》せられているのです。では心の持方《もちかた》が悪ければどうして病気《びょうき》になったり、不幸災難《ふこうさいなん》が起《おこ》ったりするかと申《もう》しますと、これは自分《じぶん》が自分で神罰《しんばつ》を与えているのです。自分が勝手《かって》に太陽の御光《みひかり》の真《ま》ただ中《なか》に坐《すわ》っていながら、眼《め》をつぶっていて、「暗い暗い」といっている状態《じょうたい》、これが神罰《しんばつ》なのであります。眼《め》をつぶって眼瞼《まぶた》の裏《うら》で何《なに》やら、むらむらぶつぶつと変《へん》な想念《おもい》を心に描《えが》くと、心に描《えが》いたとおりのものがあたかも実際存在《じっさいそんざい》するかの如《ごと》く、形《かたち》に描《えが》かれて眼《め》の中《なか》で見えるのでありましょう。自分が心に描《えが》いたとおりが形にあらわれる。これが、或《あ》る治病宗教《ちびょうしゅうきょう》でいえば、「み知らせ」で、自分自身《じぶんじしん》が「今《いま》の御前《おまえ》の心はこんなことを描《えが》いているぞ」と御知《みし》らせしているのであります。仏教《ぶっきょう》でいえば、そのことは「三界《さんがい》は唯心《ゆいしん》の所現《しょげん》」という言葉でいいあらわされております。どの宗教《しゅうきょう》でも、根本原理《こんぽんげんり》は同じことで、それを、別《べつ》の言葉で言い

あたかも　まるで

現《あらわ》しているに過《す》ぎないのです。生長《せいちょう》の家《いえ》では「肉体《にくたい》も環境《かんきょう》も心の影《かげ》」と申《もう》しております。すべて現象界《げんしょうかい》にあらわれる一切《いっさい》は、自己《じこ》が関《かん》する限《かぎ》りに於《お》いては自己の心の影であります。神の光《ひかり》は何億燭光《なんおくしょっこう》といっていいかそれでも言い足りない位《くらい》の、無限《むげん》の明るさをもって照《て》っているのであります。けれども自分《じぶん》の心のフィルムに従《したが》ってそこに影が現《あらわ》れて来る。光の中《なか》には影が全然《ぜんぜん》ない。神様《かみさま》の恵《めぐ》み、神の造《つく》り給《たま》うた実在《じつざい》の中《なか》にはどんな影もどんな悪《あ》しきものも存在《そんざい》しないのでありますけれども、我々《われわれ》が心のフィルムの前《まえ》に色々《いろいろ》の影を描《えが》くと、背後《はいご》の光の作用《さよう》でそこにその影の通《とお》りに形《かたち》の世界《せかい》が現《あらわ》れて来るのです。その為《ため》に我々《われわれ》の住む世界が不幸《ふこう》なものとなり、或《あるい》は肉体《にくたい》が病気《びょうき》のような状態《じょうたい》となって現《あらわ》れましても、これは神罰《しんばつ》ではないのであります。

六年間《ねんかん》固定《こてい》した肺臓《はいぞう》が動き出す

頭注版㉚二二一頁

昨夜《ゆうべ》も私がこの道場《どうじょう》に参《まい》りましたら、鈴木三郎《すずきさぶろう》といわれる方《かた》が、実《じつ》は昭和《しょうわ》六年に肋膜《ろくまく》を患《わずら》ってから右肺《うはい》が全然《ぜんぜん》動かなくなった。翌年《よくねん》四月《がつ》医師《いし》に検診《けんしん》してもらったら、それは右肋骨《みぎろっこつ》が最早《もはや》一枚《まい》の板《いた》のように固定《こてい》してしまった結果《けっか》、右の肺臓《はいぞう》は全然《ぜんぜん》動かないで、聴診器《ちょうしんき》をいくら当てても呼吸音《こきゅうおん》が聴《きこ》えず、これは医学上《いがくじょう》では絶望《ぜつぼう》の、一種《いっしゅ》の不具的状態《ふぐてきじょうたい》であると見做《みな》されていたのであります。ところが、この六月頃《ごろ》から成女高等女学校《せいじょこうとうじょがっこう》の宮田脩校長《みやたしゅうこうちょう》からきいて「生長《せいちょう》の家《いえ》」に御出《おい》でになったそうでありますが、『生命《せいめい》の實相《じっそう》』を読んで大変心境明朗《たいへんしんきょうめいろう》になり、今迄《いままで》悲観《ひかん》して働《はたら》く気持《きもち》なども起《おこ》らなかったのでありますが、もう働いても好《よ》い、病気《びょうき》は本来無《ほんらいな》いんだという気になられ、先日《せんじつ》この道場へ来られて、神想観《しんそうかん》が済《す》んでから、「生長の家」本部《ほんぶ》の休憩所《きゅうけいじょ》の喫茶室《きっさしつ》へ入《はい》って、他《た》の人《ひと》と話をしておられた。そこへ何《なん》でも支部《しぶ》連合会《れんごうかい》の人が入《はい》って来られまして、その支部連合会の人から色々真理《いろいろしんり》を説《と》いて聞かされ、成《な》る程自分《ほどじぶん》は大調和《だいちょうわ》の心を失っておったということをはじめ

肋膜　肺の外部を覆う胸膜に炎症が起こる疾患。現在では胸膜炎という

不具　体の一部に障害があること

成女高等女学校　明治三十二年創立。東京都新宿区にある成女学園中学校・成女高等学校の前身

宮田脩校長　明治七～昭和十二年。明治四十一年に成女高等女学校第三代校長に就任して没年まで務めた。婦人雑誌等にも多数寄稿した。早稲田大学や教育諸団体の理事を歴任

て深く気がついたというのであります。その人《ひと》の考えるのに、「今迄親《いままでおや》に対《たい》して不孝《ふこう》な心持《こころもち》を抱《いだ》いておって調和《ちょうわ》の心を有《も》っていなかった、これが悪かった」と親に対して感謝《かんしゃ》の心を起《おこ》して大調和の心を起《おこ》しましたら、早速《さっそく》その翌日《よくじつ》から、六年間固定《ねんかんこてい》して動かなかったその人の右側《みぎがわ》の肺臓《はいぞう》が自由《じゆう》に動くようになって、息が当《あた》り前《まえ》に入《はい》るようになったということをいわれました。医《い》学上《がくじょう》からは、それはどうしても再《ふたた》び動《うご》き得《え》ないように、物理的《ぶつりてき》に肋骨《ろっこつ》が固《こ》定《てい》してしまっておったのだそうであります。それが心の変化《へんか》に従《したが》って肋骨の固定が治《なお》って肺臓が動き出した。これは今迄《いままで》の親不孝《おやふこう》の心を捨てて親孝行《おやこうこう》の心になったから、神様《かみさま》がその心を嘉《よみ》して治《なお》して下《くだ》さったのだ、こう解釈《かいしゃく》しますのはそれは考《かんが》え方《かた》の相違《そうい》でありまして、敢《あ》えて間違《まちがい》ではありませんけれども、充分《じゅうぶん》正しい解釈ではないのであります。神様は始《はじ》めから治《なお》しておられる。否《いな》、始めから完全《かんぜん》な人間《にんげん》に造《つく》っておられたのであって、決《けっ》して今更《いまさら》、「あいつ、親に不孝であるから」といって神罰《しんばつ》を与え、親孝行になったから

不孝　親を粗末にすること。親不孝

嘉する　よしとしてほめたたえる

といって神罰《しんばつ》を解《と》いて病気《びょうき》を治《なお》されるということはないのであります。神の光《ひかり》は善人《ぜんにん》にも悪人《あくにん》にも平等《びょうどう》に照《て》っている。唯自分《ただじぶん》が自分の心で神罰《しんばつ》を与え、自分の心に描《えが》いた通《とお》りに影《かげ》をそこに映《うつ》して、肉体《にくたい》という鏡《かがみ》の上《うえ》に病気を現《あらわ》していたのですが、ひと度《たび》自分の心の迷《まよい》がとれて（つまり、フィルムの上《うえ》にある斑点《はんてん》やむらむらがとれて）しまった時《とき》に、明るい本当《ほんとう》の、生《う》れたままの神の子の完全《かんぜん》な姿《すがた》が現《あらわ》れて来たということになるのであります。

仏教《ぶっきょう》で言う因果《いんが》の法則《ほうそく》

ここに「目には目を、歯《は》には歯を」償《つぐな》うという言葉がありますが、これはユダヤ教《きょう》の掟《おきて》でありまして、悪いことをしたら悪い事《こと》をしただけの報《むく》いを受けなければ、赦《ゆる》されないというような当時《とうじ》の掟《おきて》を引用《いんよう》されたのでありますが、これは、心に描《えが》いただけの形《かたち》が現象界《げんしょうかい》に映《うつ》る現象顕現《げんしょうけんげん》の「心の法則《ほうそく》」

頭注版㉚二二三頁

仏教《ぶっきょう》で言う因果《いんが》の法則《ほうそく》だと見ることが出来《でき》るのであります。

我々《われわれ》が悪い心を起《おこ》したら、その悪い心だけのことを償《つぐな》わなければ、その悪い心の罪《つみ》というものは消えない。百の悪《あ》しき心を起《おこ》したなら、百の償いをしなければ、それは消えない。播《ま》かぬ種《たね》は生《は》えない、播いた種《たね》は生《は》える。生《は》えた時《とき》に初《はじ》めの種《たね》は崩壊《くず》れてしまっている。「果《か》」が出たときにはじめて「因《いん》」が崩壊《ほうかい》する。これは因果《いんが》の法則であって、人《ひと》の頭《あたま》を踏《ふ》みつけるような心持《こころもち》で、やっていると、それは、いつかは自分《じぶん》の頭が痛《いた》くなったり、脳溢《のういっ》血《けつ》を起《おこ》したり、子供《こども》の頭に瘡腫《かさぶた》が出来《でき》たりするというような塩梅《あんばい》に、自分の心に「因《いん》」を起《おこ》せば「果《か》」を顕《あらわ》すまではその「因《いん》」は消えない。心相応《こころそうおう》のことが顕《あらわ》れて出るまでは償われないというのが因果《いんが》の法則なんであります。

この因果《いんが》の法則は生長《せいちょう》の家《いえ》でいう「横《よこ》の真理《しんり》」でありまして、三界《さんがい》は唯《ゆい》心《しん》の所現《しょげん》として心相応《こころそうおう》のものが形《かたち》の世界《せかい》に顕《あらわ》れて来るのであります。しかし「眼《め》には眼《め》を、歯には歯」を報《むく》いるのであって、報《むく》い切《き》るまでは救《すく》われな

脳溢血　脳の血管が破れ、脳内に血液が溢れ出る疾患

いというのでありましたら、そこには宗教的救《しゅうきょうてきすく》いというものはあり得《え》ないのであります。そこに償《つぐな》い切《き》らなくとも救われる道《みち》がなければならない。因《いん》果《が》の法則を超越《ちょうえつ》して救われる道がなければならない。それはあるか？　あります。それは、生長《せいちょう》の家《いえ》で説《と》く「縦《たて》の真理」でありまして、この「縦の真理」から観《み》ますと、唯心所現《ゆいしんしょげん》の横のひろがりの世界《せかい》がどうあろうとも、そんなものは影《かげ》の世界であって問題《もんだい》とするに足りないのであります。縦に久遠《くおん》を貫《つらぬ》く自分《じぶん》の実相《じっそう》——実《じつ》の相《すがた》はそんな横に広がる現象《げんしょう》を超越《ちょうえつ》して、久遠生《くおんい》き通《とお》しの健全《けんぜん》な、汚点《よごれ》のない、穢《けが》れの無《な》い、神の子であり、仏《ほとけ》であるのであります。この実相の心を集める時《とき》、我々《われわれ》の心に描《えが》いた——現象世界《げんしょうせかい》を現《あらわ》すところのフィルムに当《あた》る「念《ねん》」からは迷《まよい》のむらむらが除《のぞ》かれ、たちまち実相の光《ひかり》の源《みなもと》の中《なか》へ、ひたむきに飛《と》び込《こ》んで行《ゆ》くことが出来《でき》るのであります。「悟《さとり》の中《なか》には因《いん》なし」と『涅槃経《ねはんぎょう》』に書いてありますように、実相、光明《こうみょう》遍照《へんじょう》の光の中《なか》に入《はい》って行《い》った時には、もう一切《いっさい》の「因《いん》」はない、「因《いん》」がな

『涅槃経』　『大般涅槃経』の略。釈尊の亡くなる直前の説法を記した経典

光明遍照　光が到るところに照り輝いているさま

ければ「果《か》」もない、従《したが》って十の罪《つみ》に対《たい》して、十の贖《あがな》いをしなければならないということが超越《ちょうえつ》されてしまうのであります。『生命《せいめい》の實相《じっそう》』を読んで病《びょう》気《き》や災難《さいなん》を免《まぬが》れるというのも神の造《つく》り給《たま》うたままの実相《じっそう》の光《ひかり》に照《て》らされて因《いん》果《が》を超越した世界《せかい》をそこに見出《みいだ》すからであります。

贖い　犯した罪や過ちのつぐないをすること

解脱自由《げだつじゆう》の境地《きょうち》

頭注版㉚二二五頁

解脱　束縛から解き放たれて、悟りを得ること

生命《せいめい》の実相――生命《せいめい》の本当《ほんとう》の相《すがた》――神から出た光そのままの世界と我々《われわれ》の念《こころ》が一《ひと》つになってしまいますと、その時《とき》には、我々《われわれ》の念《こころ》のフィルムにはどんな迷《まよい》のムラムラの影《かげ》もないのでありますから、そのフィルムを通《とお》して現《あらわ》れるどんな悪《あ》しき相《すがた》もないことになるのです。始《はじ》めは、現象界《げんしょうかい》の救《すく》いなどを目《もく》的《てき》としたのではない、しかし実相の世界には「因《いん》」はないから、一度《ど》実相の世界に直参《じきさん》して、それから現象世界《げんしょうせかい》へ吾々《われわれ》の生活《せいかつ》を投影《とうえい》して来ますと、因《いん》

直参　主君の前に直接参上する意より、実相に直接入ること
投影　物事の姿や形を影として映し出すこと

縁《ねん》、因果《いんが》に縛《しば》られない、自由自在《じゆうじざい》の生活《せいかつ》を送ることが出来《でき》るようになるのであります。この自由自在の生活に入《はい》った時《とき》に、はじめて我々《われわれ》は、キリストがここにいっているように、「人《ひと》もし汝《なんじ》の右の頬《ほほ》を打たば、左をも向けよ。汝《なんじ》を訟《うった》えて下衣《したぎ》を取らんとする者《もの》には上衣《うわぎ》をも取らせよ。人もし汝《なんじ》に一里《り》行く事《こと》を強《し》いなば、共《とも》に二里行《ゆ》け。汝《なんじ》に請《こ》う者に与え、借《か》らんとする者を拒《こば》むな。」こういうふうな、自由自在な生活が現《あらわ》れて来るのであります。ここにもし人があって、自分の右の頬《ほほ》を打ったならば、どんな時にも常《つね》にイエスの教《おし》え通《どお》りに是非《ぜひ》とも左の頬《ほほ》をも廻《めぐ》らして、それに向けなければならぬかというと、必《かなら》ずしもこの通りに実際《じっさい》にやらなければならないことはないのであります。すべて、杓子定規《しゃくしじょうぎ》に、心の自由《じゆう》を忘れて形《かたち》の上《うえ》で凝《こ》り固《かた》まってしまいますと人間《にんげん》は自由自在を失うのであります。自由自在を失えば実相《じっそう》から遠《とお》ざかるのです。イエス自身《じしん》も、形の上で無抵抗《むていこう》を常にはやってはいなかったのでありまして、その証拠《しょうこ》には、「ヨハネ伝《でん》」第《だい》十八章《しょう》の二十二節《せつ》に、イエス

「ヨハネ伝」『新約聖書』中の第四福音書。使徒ヨハネの著作とも後世ヨハネの叙述を編纂したものともいわれる。著者に『ヨハネ傳講義』の著作がある

自身《じしん》が人《ひと》から打たれて、その時《とき》、果《はた》してどうしたかということが書いてあります。

イエスは必《かなら》ずしも無抵抗《むていこう》に執《とら》われず

それはイエスが捕《とら》われて、大祭司《だいさいし》カヤパの前《まえ》へ引出《ひきだ》されて行《い》った章《ところ》であります。イエスがいう「何故《なにゆえ》、我《われ》に問《と》うか、我《わ》が語れることは聴《き》きたる人々《ひとびと》に問え。視《み》よ、彼等《かれら》は我《わ》が言いしことを知るなり。」斯《か》く言い給うとき傍《かたわ》らに立つ下役《したやく》の一人《ひとり》、手掌《てのひら》にてイエスを打ちて言う「かくも大祭司に答うるか。」イエス答《こた》え給《たま》う、「わが語りし言《こと》、もし悪《あ》しくば、その悪《あ》しき故《ゆえ》を証《あかし》せよ。善《よ》くば何《なに》とて打つぞ。」こういう具合《ぐあい》にイエスも抗言《こうげん》しておられるのであります。イエスは打たれながら「我《わ》が語りし言《こと》、もし悪《あ》しくば、その悪《あ》しき故《ゆえ》を証《あかし》せよ。善《よ》くば何《なに》とて打つぞ」と抗言して、決《けっ》して無抵抗には他《た》の一《いっ》

頭注版㉚二二六頁

大祭司　ユダヤ教で、エルサレム神殿に奉仕して儀式をつかさどる者の長

カヤパ　『新約聖書』中でイエスの処刑の最高責任者であった大祭司

「何故、我に…何とて打つぞ。」『新約聖書』「ヨハネ伝」第十八章二一～二三節

抗言　相手に逆らって言うこと。またその言葉

方《ぽう》の頬《ほほ》べたを打たせてはいないのであります。

ですから、この「左の頬《ほほ》を打つ者《もの》には、右の頬《ほほ》を向けよ」というイエスの教《おし》えは、実相《じっそう》は火にも焼けず、水にも溺《おぼ》れず、況《いわ》んや手掌《てのひら》で打たれる位《くらい》で傷《きず》附《つ》くものではないから、そういうことには超脱《ちょうだつ》した心境《しんきょう》でおれといわれたので形《かたち》の上《うえ》で無抵抗《むていこう》でおれといわれたのではないのであります。我々《われわれ》は時《とき》には成《な》る程《ほど》、無抵抗でいなければならないこともあります。しかし大《おお》いに相手《あいて》に対《たい》して抗言《こうげん》しなければならないこともあります。特《とく》に真理《しんり》に関《かん》することでは争わねばならないことが度々《たびたび》あるのであります。聖書《せいしょ》を御覧《ごらん》になりますと、到《いた》る処《ところ》にイエスがパリサイ人《びと》や学者《がくしゃ》の説《せつ》に反駁《はんばく》しその信仰《しんこう》の間違《まちが》っている点《てん》を説破《せっぱ》して、或《あるい》は罵《ののし》ったり、或《あるい》は批評《ひひょう》したりしておられるのを見出《みいだ》されるでありましょう。これは真理の光《ひかり》が、闇《やみ》の中《なか》を進んで行《ゆ》く時《とき》に止《や》むを得《え》ない状態《じょうたい》であります。光が進んで行《ゆ》けば、闇は消えなければならない。この時、光と闇とは衝《つ》き合《あ》うようにしばらく見えるのでありますけれども、光

反駁　他人の反論や批判に対して論じ返すこと
説破　論破すること

が進めば闇《やみ》そのものは積極的存在《せっきょくてきそんざい》ではなく、自然《しぜん》に消えて行《ゆ》くのでありま
す。しかし、一見《いっけん》したところは衝き合《つあ》うように見える。それが真理《しんり》が迷《まよい》に対《たい》
する抗争《こうそう》であります。ですから、イエスも、ひとから打たれた場合《ばあい》に、別《べつ》
段《だん》手を以《もっ》てたたき返しているわけではないのでありまして、「我《わ》が語りし言《こと》
に、もし悪《あ》しきことあったらその悪《あ》しき故《ゆえ》を証《あかし》せよ。」こういう具合《ぐあい》にいっ
ておられるのであります。「自分《じぶん》のいう説《と》き方《かた》が間違《まちが》っているなら、その間
違っているということを証《あかし》せよ。自分は真理を述《の》べるのである」と断乎《だんこ》とし
ていっていられるのであります。

抗争　互いに張り合って争うこと

邪説《じゃせつ》を排撃《はいげき》するの可否《かひ》

これは別《べつ》に人《ひと》と争うために争うのではないのです。真理を述べる為《ため》に、他《た》
の間違《まちが》った邪説と衝突《しょうとつ》するということはこれまた止《や》むを得《え》ないことであり

頭注版㉚二二八頁

邪説　よこしまな議論。正しくない説

排撃　非難や攻撃をして退けること

ます。だから、自分《じぶん》が正しいと考えているところの真理《しんり》に対って、反対者《はんたいしゃ》が間違《まちが》っているというのならば、その間違っている点《てん》を挙《あ》げて、ここはこう間違っているといえと、こういう具合《ぐあい》にいっておられるのであります。「生長《せいちょう》の家《いえ》」の説《と》くところを時々《ときどき》批難《ひなん》する人《ひと》がある。真理のよく悟《さと》れた人は批難しないで讃歎《さんたん》されるのでありますが、充分《じゅうぶん》真理の悟れない人や、いわゆる宗教業者《しゅうきょうぎょうしゃ》で商売敵《しょうばいがたき》だと思って揚《あ》げ足取《あしと》りして非難《ひなん》される人がありますが、そういう場合《ばあい》、生長の家では黙殺《もくさつ》することもありますが、他《た》の人に誤解《ごかい》せしめて真理を伝える邪魔《じゃま》になると思われるような場合《ばあい》には敢然《かんぜん》としてその人達《ひとたち》の妄論《もうろん》を反駁《はんばく》することもあります。すると「何《なん》じゃ、生長の家は総《すべ》てのものと大調和《だいちょうわ》をせよと教《おし》えておるのに、駁論《ばくろん》なんかを発表《はっぴょう》するのは怪《け》しからん。あんなことでは、生長《せいちょう》の家本部《いえほんぶ》そのものが生長の家の教えに背《そむ》いている」という具合《ぐあい》に考える人もあるようです。しかし、非真理《ひしんり》に対《たい》しては、駁論《ばくろん》を発表することが必要《ひつよう》であることもある。非真理が滔々平《とうとうこ》として

敢然　危険や困難を覚悟で思い切って行うこと

滔々乎　よどみなく流れるように勢いのあるさま

弘《ひろ》まっている時代《じだい》に真理《しんり》を説《と》くには、非真理《ひしんり》の説《せつ》を是正《ぜせい》しなければならない。「虚妄《こもう》を壊《え》するものは真理のほかに非《あら》ざるなり」と聖経《せいきょう》『甘露《かんろ》の法雨《ほうう》』の中《なか》に書いてありますが、邪説《じゃせつ》を打《う》ち破《やぶ》るためには正説《せいせつ》の法鼓《ほうこ》を鼕々《とうとう》と打ち鳴らす必要《ひつよう》があるのであります。正説の法鼓《ほうこ》を打ち鳴らすことは大調和《だいちょうわ》を破っているのではない、大調和を破っている邪説の領域《りょういき》を狭《せば》めて、大調和の領域を広めることなのであります。釈迦《しゃか》が仏教《ぶっきょう》をひろめられた時《とき》にも、婆《ば》羅門教《らもんきょう》などの邪説に対《たい》して、やはりその教《おし》えの間違っている処《ところ》を論破《ろんぱ》することを怠《おこた》られなかったのであります。ですから、邪説を論破して大調和の真理を弘《ひろ》めるということと、この「山上《さんじょう》の垂訓《すいくん》」でキリストのいわれた「右の頰《ほほ》を打たれたら、左の頰《ほほ》を向けよ」という教えとは、又別《またべつ》のことであると観《み》なければならないのであります。これはキリスト自身《じしん》の御生涯《ごしょうがい》を見ると判《わか》るのでありまして、教えというものと時代《じだい》、環境《かんきょう》、御自身《ごじしん》の生活《せいかつ》というものとを切《き》り離《はな》して考えると、本当《ほんとう》の意味《いみ》が解《かい》せられないのであります。教

是正　悪い点や誤っている点を改めて正すこと

虚妄　真実でないこと。うそ。いつわり

壊する　破壊する

『甘露の法雨』　昭和五年に著者が霊感によって一気に書き上げた五〇五行に及ぶ長詩。『甘露の法雨』の読誦により、今日に至るまで無数の奇蹟が現出している。本全集第三十五・三十六巻「経典篇」参照

法鼓　仏法を説くこと。仏の説法が衆生の煩悩をうちやぶることを、鼓をたたいて兵を進めるのにたとえた語

鼕々　鼓(つづみ)や太鼓の鳴り響くさま

婆羅門教　仏教以前の、古代インドで広まっていた民俗宗教

論破　議論によって相手の説を破ること

えというものは、生きた人《ひと》に教《おし》え、時代《じだい》に生きているもので、教えそのものが宙《ちゅう》ぶらりんに生きているものではないのであります。

キリストは大芸術家《だいげいじゅつか》

私がこのキリストの「人《ひと》もし汝《なんじ》の右の頬《ほほ》を打たば、左をも向けよ」といわれた御言葉《おことば》を、はじめて魂《たましい》に感銘《かんめい》して受け取りましたのは、まだ私が早稲《わせ》田《だ》の文科《ぶんか》にいた青年《せいねん》の頃《ころ》、あのオスカー・ワイルドの『獄中記《ごくちゅうき》』を読んだ時《とき》のことであります。

オスカー・ワイルドはその『獄中記』の中《なか》でこのイエスの言葉を引用《いんよう》して、「キリストは大芸術家である」ということを書いているのであります。どういう意味《いみ》でキリストが大芸術家であるかといいますと、キリストは大愛《たいあい》の実行者《じっこうしゃ》であるからというのです。オスカー・ワイルドはレーディングの獄《ごく》

頭注版㉚二二九頁

早稲田　早稲田大学。明治十五年に大隈重信が東京専門学校として創設。明治三十五年、早稲田大学に改称。昭和二十四年に新制大学となった。著者は大正元年に文学部英文科に特待生として進学した

オスカー・ワイルド　Oscar Wilde 一八五四～一九〇〇年。アイルランド出身の詩人、作家、劇作家。『獄中記』『サロメ』などの著作がある

『獄中記』　原題はラテン語で「深き淵より」の意。オスカー・ワイルド没後の一九〇五年刊。獄中の手記

舎《しゃ》の中《なか》へ入《はい》るまでは美《び》とは感覚的《かんかくてき》なものとのみ思っていた。然《しか》るに彼《かれ》は獄舎《ごくしゃ》の中《なか》で愛というものが世《よ》の中《なか》に存在《そんざい》する総《あら》ゆるものの内《うち》でも、一番《ばん》美しいものであるということを悟《さと》ったのです。ワイルドは皆様御存知《みなさまごぞんじ》の通《とお》り、世界《せかい》最大《さいだい》の耽美主義者《たんびしゅぎしゃ》であった。耽美主義者《たんびしゅぎしゃ》というと、視覚《しかく》にせよ、聴覚《ちょうかく》にせよ、触覚《しょっかく》にせよ、感覚《かんかく》を快《こころよ》く擽《くすぐ》るところの美感《びかん》に対《たい》して全身全霊《ぜんしんぜんれい》を陶酔《とうすい》せしめることを主義《しゅぎ》としている人《ひと》であります。彼は美《び》は善悪《ぜんあく》の批判《ひはん》の上《うえ》に超《ちょう》越《えつ》していて、絶対価値《ぜったいかち》のあるものと認《みと》めていて、その感覚《かんかく》の美《び》を追いきわめたその果《は》てに遂《つい》に或《あ》る犯罪《はんざい》にひっかかって、そして獄舎に投《とう》ぜられたのであります。入獄後《にゅうごくご》の体験《たいけん》によって彼の心がすっかり変《かわ》った。何《なん》でも或《あ》る囚人《しゅうじん》が身《み》に余《あま》る重い水桶《みずおけ》を運ぶというような苦しい仕事《しごと》をしていた。その苦しい仕事を彼が助けてやったときに味《あじ》わった、ほんの些細《ささい》な深切《しんせつ》な愛の行《おこな》いの中《なか》に、彼は今迄《いままで》、入獄以前《にゅうごくいぜん》の自由《じゆう》な広々《ひろびろ》とした世界《せかい》で、好《す》き候《そうろう》を行《おこな》って味わった感覚美《かんかくび》の快《こころよ》さよりも、何《なん》ともいえない高い精神美《せいしんび》の快さを味わったの

耽美主義者　美を唯一最高の価値とし、その実現を目的とする人

陶酔　心を奪われてうっとりすること

好き候　勝手気まま

です。美《び》は感覚《かんかく》の世界《せかい》にのみあると思っていたのが、感覚を超《こ》えた世界に、苦しいと思う仕事《しごと》をある囚人《しゅうじん》に代《かわ》って自分《じぶん》が却《かえ》って苦しい仕事をするというような中《なか》にある。そして、愛の行《おこな》いの内《うち》に感《かん》じられる美感《びかん》こそ最高度《さいこうど》の美《び》であって感覚の美《び》を超えた美しさであると悟《さと》ったのです。

本当《ほんとう》に美しきもの

本当の美しさというものは深切《しんせつ》な愛の行《おこな》いの内《うち》にこそ輝《かがや》くものであります。この美《び》こそ五官《ごかん》に感《かん》じられる感覚美《かんかくび》よりも、まだまだ大きな美《び》である。美《び》は愛行《あいぎょう》の中《なか》にあり、敕《ゆる》しの中《なか》にあるというふうな意味《いみ》に於《お》いて、「右の頬《ほほ》を打つものに、左の頬《ほほ》を向ける」というような大《おお》いなる敕《ゆる》しをなし得《う》るイエス・キリストこそは世界最大《せかいさいだい》の芸術家《げいじゅつか》である、とオスカー・ワイルドは悟ったのであります。それを読んだ当時《とうじ》、私は大変感銘《たいへんかんめい》したのでありました

頭注版㉚二三一頁

が、それから後《のち》に、私の人生観《じんせいかん》が更《さら》に深まってまいりまして、実相《じっそう》の自在無《じざいむ》礙《げ》の相《すがた》が解《わか》って来ました時に、更に一層《いっそう》、この言葉が深い意味《いみ》に於《おい》て、私を打ったのであります。どういう意味で私を打ったかと申《もう》しますと、イエス・キリストが「右の頬《ほほ》を打つ者《もの》には左の頬《ほほ》を向けよ」といったのは、決《けっ》して単《たん》に現象的《げんしょうてき》な赦《ゆる》しの美《び》や、愛行《あいぎょう》の美《び》を説《と》いているのではない。これは実相無《じっそうむ》礙自在《げじざい》のはたらきを説いていられるのであるということが解《わか》ったのです。実相というものは、打たれても、斬《き》られても、蹴《け》られても、どうされても、傷《きず》つくものではない、自由自在《じゆうじざい》のものであって、金剛不壊《こんごうふえ》のものである、どんなに打たれたからといって、位《くらい》が下《さが》ったり、穢《けが》れたり、或《あるい》は崩《くず》れたりするような、そんなくだらない存在《そんざい》ではない、そんな不確《ふたし》かな人間《にんげん》ではないのである、どんなにされても、金剛不壊《こんごうふえ》の破壊《はかい》しがたきものである、どんなにされても永遠《えいえん》に滅《ほろ》びざる、一毫《いちごう》も欠《か》くる所《ところ》のない、神そのままの相《すがた》のものが人間の実相であるということが私に解《わか》りまして、それから聖書《せいしょ》を読んでみます

自在無礙　自由自在で心に妨げがなく、とらわれがないさま

金剛不壊　「金剛」はダイヤモンド。非常に堅固でどんなものにも壊されないこと

一毫　少し。わずか

と、成程《なるほど》、イエスは形《かたち》のことをいったのでもなく、単《たん》なる赦《ゆる》しや愛行《あいぎょう》をいったのでもない、と益々《ますます》イエスの偉《えら》さが判《わか》って来たのであります。自分《じぶん》が進んで来ないと相手《あいて》の偉大《いだい》さが解《わか》らないものです。富士山《ふじさん》はその近くへ近づいて行《ゆ》くほど、その高さがハッキリして来るのです。遠くから見ていますと低い山に見えています。イエスが右の頬《ほほ》を打たば、左の頬《ほほ》を向けよといったのは、イエスの自信《じしん》が、人間《にんげん》というものは打たれても自分の尊厳《そんげん》を害《がい》されるような、そんな儚《はかな》いものではない、どんなにされても金剛不壊《こんごうふえ》の砕《くだ》けないところの実相《じっそう》にまで到達《とうたつ》しておったからこそ、こういうふうに、自由《じゆう》自在《じざい》な言葉が出て来たものであるということが私に解《わか》ったのであります。

『生命《せいめい》の實相《じっそう》』の「実相篇《じっそうへん》」の終《おわり》の所《ところ》の或《あ》る章《しょう》に「読んで魂《たましい》の喜《よろこ》ぶ話」というのがありますが、あれは、私が、かつて大阪堂《おおさかどう》ビル清交社《せいこうしゃ》で講演《こうえん》いたしましたのを、この講演筆記《こうえんひっき》を加筆《かひつ》しまして、載《の》せてあるのですが、この講演筆記を載せました時《とき》に、何《なん》でも岩村彌太郎《いわむらやたろう》という方《かた》が、これまでキリスト教《きょう》

「実相篇」 本全集第二〜四巻「光明の真理」

或る章 本全集では第四巻「実相篇」下巻第十一章

大阪堂ビル 大阪市北区にある堂島ビルヂング。大正十二年に竣工し、東京の「丸ビル」に対して「堂ビル」の名で親しまれ、現在に至る

清交社 大正十二年に創立された社交クラブ。同年竣工の大阪の堂島ビルヂングに入居した。関西各界の名士の交流の場として、現在も移転を経て一般社団法人として活動を続けている

岩村彌太郎 本全集第二十七巻「人生問答篇」下巻第九章参照

を三十年間《ねんかん》も研究《けんきゅう》し、教界《きょうかい》でも長老株《ちょうろうかぶ》の方《かた》でありましたが、その講演《こうえん》の筆《ひっ》記《き》を読んで、はじめて、聖書《せいしょ》にある「敵《てき》を愛せよ」という心持《こころもち》、「右の頰《ほほ》を殴《なぐ》って来《く》る者《もの》には、もう一方《いっぽう》、左の頰《ほほ》を差《さ》し向《む》けて」平然《へいぜん》としており得《う》る心《こころ》持《もち》が解《わか》ったといわれました。その方《かた》は今迄《いままで》イエスのその言葉を形《かたち》の上《うえ》から解《かい》釈《しゃく》していられましたら、実行上不可能《じっこうじょうふかのう》で、そんなことでは生活《せいかつ》が成立《なりた》たない、どうもここは実生活《じっせいかつ》と矛盾《むじゅん》するとしか解《かい》せられなかったのですが、ここにはじめて、イエスのこの言葉が、人間《にんげん》の実相《じっそう》が、打たれても、斬《き》られても、どうしても金剛不壊《こんごうふえ》のものであり、傷《きず》つくことの絶対《ぜったい》にないものであるというイエスの大自覚《だいじかく》から自然《しぜん》と溢《あふ》れ出《で》た御言葉《おことば》であるということが分《わか》って、ここに完全《かんぜん》に「山上《さんじょう》の垂訓《すいくん》」の意味《いみ》が釈然《しゃくぜん》としたといって大《おお》いに喜《よろこ》ばれたのであります。そして歓喜《かんき》のあまりあの講演筆記《こうえんひっき》を三回《かい》、その晩繰返《ばんくりかえ》し御読《およ》みになったのであります。三回読んで翌《あく》る朝起《あさお》きてみると、いつも、その方《かた》は脱肛痔《だっこうじ》で困《こま》っておられたのですが、それが治《なお》ってしまっていて、便所《べんじょ》

長老株　経験が豊かで知徳のすぐれた指導的な立場にある人。キリスト教会で高位の人

釈然　迷いや疑いが解けてすっきりとすること

脱肛痔　本書八八頁「疣痔」に同じ

へ行《い》ってもちょっとも脱肛《だっこう》しない。今迄《いままで》某々式《ぼうぼうしき》強健術《きょうけんじゅつ》を続けられておられたのですけれども、どうしても治《なお》らなかった。ところが私の講演筆記《こうえんひっき》を感心《かんしん》されて、一晩《ひとばん》に三回《かい》繰返《くりかえ》して読んだら、翌朝《よくあさ》すっかり治《なお》ってしまっておったのです。あまりの嬉《うれ》しさに私に礼《れい》がいいたい、礼がいいたいが私の住所《じゅうしょ》が判《わか》らない。ちょうど、その講演筆記に当時《とうじ》南海電車《なんかいでんしゃ》の庶務課長《しょむかちょう》をしておられた池澤原次郎《いけざわげんじろう》という人《ひと》に頼《たの》まれて私が講演《こうえん》した、とありましたので、幸《さいわ》いその池澤さんは岩村《いわむら》さんの旧知《きゅうち》であるので、わざわざ南海電車まで出かけて行《い》って、一遍谷口《いっぺんたにぐち》さんという人《ひと》に会いたいから、一体《いったい》どこにおられるのかと聞《き》き合《あわ》せて、それから私の処《ところ》へわざわざ御礼《おれい》に来られたという話があるのであります。

要《よう》するにイエスの言葉は形《かたち》ではない、形を見る時《とき》には躓《つまず》くのでありまして、キリスト自身《じしん》も形《かたち》の上《うえ》からは、自分自身《じぶんじしん》が自分《じぶん》の言ったことを時《とき》と場合《ばあい》によって実行《じっこう》しておられないこともあります。真理《しんり》は自由自在であって、形

某々　「某」は人、事物、場所などについてはっきりしない場合やぼかしていう場合に使う言葉

強健術　肥田春充が考案した心身鍛練体系。聖中心道肥田式強健術

南海電車　南海電気鉄道。明治十八年に純民間資本による最初の蒸気鉄道として開業した阪堺鉄道が前身

池澤原次郎　著者が生長の家の立教前に入信した大本教や、著者が浅野和三郎の雑誌の編集に携わった心霊科学研究会に同時期に属していた

旧知　古くからの知り合い。昔なじみ

ではないのであります。「生命《せいめい》の実相《じっそう》」そのままの自由自在《じゆうじざい》な相《すがた》を悟《さと》って、そして何物《なにもの》にも縛《しば》られない、打たれても、蹴《け》られても、斬《き》られても、奪《うば》われても、傷《きず》つきも、減《へ》りも、どうもしない、その実相のそのままが浮《うか》び出《で》た言葉として、この「山上《さんじょう》の垂訓《すいくん》」の一節《せつ》を解《かい》する時、はじめて深い意義《いぎ》あるものとなるのであります。

全《すべ》ての人間《にんげん》を神の子として愛せよ

○汝《なんじ》ら己《おのれ》を愛する者《もの》を愛すとも何《なん》の報《むくい》をか得《う》べき、取税人《しゅぜいにん》も然《しか》するにあらずや。兄弟《きょうだい》にのみ挨拶《あいさつ》すとも何《なん》の勝《まさ》ることかある、異邦人《いほうじん》も然《しか》するにあらずや。然《しか》らば汝《なんじ》らの天の父の全《まった》きが如《ごと》く、汝《なんじ》らも全《まった》かれ。

かく神は悪《あ》しき者の上《うえ》にも善《よ》き者の上《うえ》にも遍《あまね》く一様《いちよう》に太陽《たいよう》の光《ひかり》のように愛

頭注版㉚二三四頁

汝ら己を… 『新約聖書』「マタイ伝」第五章四六～四八節

取税人 当時のイスラエルを支配していたローマ帝国に納める税の取り立てを請け負ったユダヤ人。同胞を苦しめる売国奴としてユダヤ人から嫌われた

異邦人 外国人。ユダヤ人が神に選ばれた民族であるとの誇りから、それ以外の民族を指して言った

然するにあらずや そのようにしているではないか

の光《ひかり》を灑《そそ》ぎ給《たま》うのでありますから、吾々《われわれ》も悪《あ》しき者《もの》だといっては憎《にく》み、善《よ》き者だといっては愛するというような偏《かたよ》った愛《あい》し方《かた》をしてはならないのです。悪人《あくにん》と見える者でも本当《ほんとう》は神の子であって悪人はない。だから悪人でも憎むような考えをもってはならない。ひとしく神の子として愛しなければならないのです。しかし、愛するといっても、悪人として現《あらわ》れているその悪《あく》の相《すがた》に迎合《げいごう》してその悪《あく》の相《すがた》を却《かえ》って増長《ぞうちょう》せしめるような愛《あい》し方《かた》をしてはよろしくない。「その人《ひと》」を神の子として愛するというのは、その人の実相《じっそう》を敬《けい》し礼《らい》し、愛して、その実相の善《よ》さを招《よ》び出《だ》すことでなくてはならないのです。このような愛のためには却《かえ》って、仮相《かそう》の悪《あく》の相《すがた》を鞭打《むちう》つということも必要《ひつよう》でありますイエスがエルサレムの神殿《しんでん》に於《お》いて鳩《はと》を売る者、両替《りょうがえ》をする者などを縄《なわ》の鞭《むち》をもって逐《お》い出《だ》されたるが如《ごと》きこれです。形《かたち》は時《とき》に応《おう》じて千変万化《せんぺんばんか》、或《あるい》は鞭打《むちう》つことが必要《ひつよう》でありますが、根本《こんぽん》に於《おい》てどんな人間《にんげん》でも愛すべきが本当であります。

迎合　自分の考えを曲げてでも、相手の気に入るようにすること

イエスがエルサレムの…　『新約聖書』「ヨハネ伝」第二章一三〜一六節にある記述。本全集第二十七巻「宗教問答篇」下巻一四頁参照

千変万化　事態、場面、状況などが次々と変化してゆくさま

偽善《ぎぜん》の戒《いまし》め

○汝《なんじ》ら見られんがために己《おの》が義《ぎ》を人《ひと》の前《まえ》にて行《おこな》わぬように心せよ。然《しか》らずば、天《てん》にいます汝《なんじ》らの父より報《むくい》を得《え》じ。さらば施済《ほどこし》をなす時《とき》、偽善者《ぎぜんしゃ》が人に崇《あが》められんとて会堂《かいどう》や街《ちまた》にて為《な》すごとく、己《おの》が前にラッパを鳴らすな。誠《まこと》に汝《なんじ》らに告《つ》ぐ、彼《かれ》らは既《すで》にその報《むくい》を得《え》たり。汝《なんじ》は施済《ほどこし》をなすとき、右の手のなすことを左の手に知らすな。是《これ》はその施済《ほどこし》の隠《かく》れん為《ため》なり。然《しか》らば隠れたるに見たまう汝《なんじ》の父は報《むく》い給《たま》わん。

第《だい》六章《しょう》にはこういうようなことが書いてありますが、これはイエスが偽《ぎ》善者《ぜんしゃ》を戒めたまうた言葉であります。必《かなら》ずしも善《よ》きことをしたことを発表《はっぴょう》しては、悪いという意味《いみ》ではないのであります。その証拠《しょうこ》に、この「山上《さんじょう》

頭注版㉚二三六頁

汝ら見られんがために… 『新約聖書』「マタイ伝」第六章一～四節

然らずば そうでなければ。さもなければ

さらば それでは。それならば

会堂 キリスト教の礼拝堂

の垂訓《すいくん》」の前章《ぜんしょう》には「汝《なんじ》らは世《よ》の光《ひかり》なり。山の上《うえ》にある町は隠《かく》るることなし。また人《ひと》は燈火《ともしび》をともして升《ます》の下《した》におかず、燈台《とうだい》の上《うえ》に置《お》く。斯《かく》て燈火《ともしび》は家《いえ》にある凡《すべ》ての物《もの》を照《て》らすなり。斯《かく》のごとく汝《なんじ》らの光を人の前《まえ》にかがやかせ」と、こうはっきり言っておられるのです。自分《じぶん》の知ったところの真理《しんり》、汝《なんじ》らの光を人の前に輝《かがや》かすということを褒《ほ》め、且《か》つ奨《すす》めておられるのであります。ところがここには真理の光を輝かすことが目的《もくてき》ではなく、人に自分の功《こう》を誇《ほこ》らんがための故《ゆえ》に、善行《ぜんこう》を人前《ひとまえ》で見せるような虚飾家《きょしょくか》を攻撃《こうげき》して、「汝《なんじ》ら見られん為《ため》に己《おの》が義《ぎ》を人の前にて行《おこな》わぬように心せよ。」施《ほどこ》しをする時《とき》には、偽善者《ぎぜんしゃ》のように、会堂《かいどう》や、街《まち》の中《なか》で、わざと人に見られるように、施《ほどこ》しをするような事《こと》をしてはいかぬ、こういっておられるのです。これは同じ施《ほどこ》しをしても説教《せっきょう》をしても、自分があそこへ出て施《ほどこ》しをしたり説教したら人が感動《かんどう》して、ああ、あの人は徳《とく》の高い人だといってくれるだろうという野心《やしん》を持ったり、自分の導《みちび》きで人の病気《びょうき》の治《なお》った話でも多勢《おおぜい》の人の前でしたら、自分《じぶん》に多勢《おおぜい》の人《ひと》が病気《びょうき》を治《なお》してくれといって来てたくさんお金《かね》が儲《もう》かるというふうな考えで自分の体験《たいけん》を発表《はっぴょう》するというふうなことをすれば、これは偽善者《ぎぜんしゃ》である。イエスはそういう人を戒《いまし》めていられるのです。ところがそういう自分を顕彰《あらわ》す為《ため》の宣伝《せんでん》でなしに、人類《じんるい》に光《ひかり》を伝えるという意味《いみ》に於《おい》て、自分の得《え》たところの真理《しんり》を説《と》く、自分の得《え》たところの体験を発表する、神の栄《さか》えを現《あらわ》さんが為《ため》に、多くの人を救《すく》わんが為《ため》に講演《こうえん》する——こういう目《もく》的《てき》でありましたならば、これは本当《ほんとう》に善《よ》いことなのであります。イエスは、ここにそういう神の栄《さか》えを発表し、自分の頂《いただ》いたところの功徳《くどく》を発表し、人類を光明化《こうみょうか》することを悪いといっておられるのではない。真理を説くにしても説く時《とき》の心ばえの良《よ》し悪《あ》しをいっておられるのであります。

また祈《いの》りをするにしましても、生長《せいちょう》の家《いえ》では別段《べつだん》、声《こえ》を出して大衆《たいしゅう》にきかれるような祈りをする事《こと》はありません。ですからこれは問題《もんだい》になりませんが、キリスト教《きょう》なんかでは、教会《きょうかい》に行《い》った人の話を聞きますと、やはり、

功徳 神仏の恵み。御利益(ごりやく)

心ばえ 気立て。心のありよう

大声《おおごえ》で皆《みな》に聞かれんがために祈《いの》ることがあるということです。現代《げんだい》はとにかくとして、イエスの生きていられた時代《じだい》には、会堂《かいどう》や街《まち》の公衆《こうしゅう》の溢《あふ》れている真中《まんなか》で、大声をあげていかにも敬虔《けいけん》らしい姿《すがた》をして祈って、「あの人《ひと》は信仰深《しんこうぶか》い人だ」と人からいわれることを名誉《めいよ》にしておったので、ここにイエスが祈《いのり》の時《とき》の心構《こころがま》えについて注意《ちゅうい》を与えられたのであります。

○汝《なんじ》ら祈る時偽善者《ぎぜんしゃ》の如《ごと》くあらざれ。彼等《かれら》は人に顕《あらわ》さんとて、会堂や大路《おおじ》の角《かど》に立ちて祈ることを好《この》む。誠《まこと》に汝《なんじ》らに告《つ》ぐ、かれらは既《すで》にその報《むくい》を得《え》たり。汝《なんじ》は祈る時己《おの》が部屋《へや》に入《い》り、戸《と》を閉じて、隠《かく》れたるに在《いま》す汝《なんじ》の父に祈れ。さらば隠れたるに見給《みたま》うなんじの父は報《むく》い給《たま》わん。また祈る時、異邦人《いほうじん》のごとく徒《いたず》らに言《ことば》を反復《くりかえ》すな。彼《かれ》らは言《ことば》多きによりて聴《き》かれんと思うなり。

敬虔 うやまいつつしむ気持ちの深いさま

汝ら祈る時、… 『新約聖書』「マタイ伝」第六章五～七節

徒らに 無駄に。むなしく

そこでこの「祈《いの》る」ということは何《なに》も卑屈《ひくつ》になって平身低頭《へいしんていとう》して、怪力者《かいりきしゃ》に頼《たの》み込《こ》むということではないのであります。自分《じぶん》の実相《じっそう》を現《あらわ》すということ、言《い》い換《か》えると実相と交通《こうつう》するということであります。もう一《ひと》つ言い換えると、実相と調和《ちょうわ》した念《ねん》を起《おこ》すことが本当《ほんとう》の祈りで、祈りの形式《けいしき》は実相と調和した念《ねん》を起《おこ》すための手段《しゅだん》に過《す》ぎないのであります。だから、偽善者《ぎぜんしゃ》のように自分はこれだけ徳《とく》を積《つ》んでおる、これだけ信仰《しんこう》の深きものであると、そういうことを、みせびらかす為《ため》に、大声《おおごえ》をあげて、聴衆《ちょうしゅう》に自分の偉《えら》さを示そうというような祈りは、実相を顕《あらわ》すのではなく、虚飾《きょしょく》を顕《あらわ》そうとしているのですから、「汝《なんじ》らよ、偽善者《ぎぜんしゃ》の如《ごと》くあらざれ。彼等《かれら》は人《ひと》に顕《あらわ》さんとて、会《かい》堂《どう》や大路《おおじ》の角《かど》に立って祈ることを好《この》む。」云々《うんぬん》とその時《とき》の状態《じょうたい》を罵《ののし》っておられるのであります。

卑屈　自分をおとしめて他人にへつらうさま
怪力者　並はずれた、不思議な強い力を持つ者

人間《にんげん》は既《すで》に全《すべ》てを与えられている

頭注版㉚二三九頁

さらば、彼らに…『新約聖書』「マタイ伝」第六章八～九節

○さらば、彼《かれ》らに倣《なら》うな、汝《なんじ》らの父は求めぬ前《さき》になんじらの必要《ひつよう》なる物《もの》を知りたまう。この故《ゆえ》に汝《なんじ》ら斯《か》く祈《いの》れ。――

ここに虚栄《きょえい》の祈り、偽善《ぎぜん》の祈り、人《ひと》に聞かれんがために外面《がいめん》を飾《かざ》る不純《ふじゅん》な心を捨《す》ててしまったところに本当《ほんとう》の祈りがあるということをいっておられるのであります。吾々《われわれ》の父なる神は「求めぬ前《さき》に、吾《われ》らの必要なる物を知《し》り給《たま》う」のでありまして、虚栄や、偽善や、祈りの言葉の見せびらかしで動かされて、吾々《われわれ》に必要なるものを与《あた》え給《たま》うのではないのであります。既《すで》に必要なる全《すべ》ては与えられている。唯吾々《ただわれわれ》はその与えられている全《すべ》てを認《みと》めれば好《よ》いので、それを認めるためには「自分《じぶん》はこんなに信仰深《しんこうぶか》いぞ」と大声《おおごえ》で祈りの

喇叭《ラッパ》を吹《ふ》かねばならぬことはない。虚栄《きょえい》や、五官《ごかん》に快《こころよ》いところの響《ひびき》などに気をとられていると却《かえ》って五官に惑《まど》わされて実相《じっそう》が見えなくなる。だから多くの場合《ばあい》に於《おい》て大声《おおごえ》を出してする祈《いの》りよりも、静かに坐《ざ》して実相を観《かん》ずる祈りが善《よ》いのです。「己《おの》が部屋《へや》に入《い》り、戸を閉じて隠《かく》れたるに在《いま》す汝《なんじ》の父に祈れ」というのは、必《かなら》ずしも誰《たれ》もいない所《ところ》へ行《い》って、そしてそこで祈らなければいかんと、そういうわけではないのであります。会堂《かいどう》で一緒《いっしょ》に祈っても、神想観《しんそうかん》みたいにこういう所《ところ》で祈っても無論《むろん》良いわけでありまして、「マタイ伝《でん》」の第《だい》十八章《しょう》にもやはりそういう祈りの良いことが書いてあります。

集団《しゅうだん》の祈《いの》りの功徳《くどく》

頭注版㉚二四〇頁

○誠《まこと》に汝《なんじ》らに告《つ》ぐ、もし汝《なんじ》らのうち二人《ふたり》、何《なに》にても求むる事《こと》につき地《ち》にて心を一《ひと》つにせば、天《てん》にいます我《わ》が父は之《これ》を成《な》し給《たま》うべし。二三人《にん》わが名

により て集《あつま》る所《ところ》には、我《われ》もその中《うち》に在《あ》るなり。

（「マタイ伝」第十八章一九～二〇）

こういうふうに一人《ひとり》また三人《にん》と集《あつま》って祈《いの》ると、祈ることを天の父が成《な》し給《たま》うと書いてあります。全然一人《ぜんぜんひとり》でなくて心を共《とも》にするものが多勢《おおぜい》「求めることにつきて地にて心を一《ひと》つにせば」一層効果《いっそうこうか》が多いというのは、多勢《おおぜい》の者《もの》が一つになって、念波《ねんぱ》を合《あわ》せて祈ることは、念《ねん》の共鳴《きょうめい》によってその祈りの念《ねん》波《ぱ》が拡大《かくだい》するからであります。「隠《かく》れたるに在《いま》す汝《なんじ》の父」というのは、「自《じ》己《こ》に内在《ないざい》する吾《わ》が父」即《すなわ》ち実相《じっそう》であって、この「内在の父」に祈るということは実相と調和《ちょうわ》するという念《ねん》を起《おこ》すことであります。実相に於《おい》ては既《すで》に吾々《われわれ》は「必要《ひつよう》なる全《すべ》て」を与えられている。しかし、実相と調和しない念《ねん》を起《おこ》している場合《ばあい》には、波長《はちょう》が合わなければテレビジョンに電送映画《でんそうえいが》が映《うつ》らないと同じように、その与えられている全《すべ》てが現象世界《げんしょうせかい》に現《あらわ》れて来ないのであり

電送映画　電流や電波によって遠隔の地へ送る映像。テレビ番組

ます。「祈《いの》り」というのは実相《じっそう》を現象界《げんしょうかい》に齎《もたら》すために、換言《かんげん》すれば「み心の天《てん》に成《な》るが如《ごと》く地《ち》にも成《な》らせる」ためであります。ところが多勢集《おおぜいあつま》って祈る場合《ばあい》には、波長《はちょう》の合わない少数《しょうすう》の念《ねん》が混《まじ》っている場合にも、集《あつま》っている大多数《だいたすう》の念《ねん》が実相に調和《ちょうわ》した念《ねん》を起《おこ》すために、実相を現象界に導《みちび》き出《だ》す力《ちから》が強いということになるのであります。

ですから、信仰《しんこう》を共《とも》にする人達《ひとたち》と一緒《いっしょ》に集《あつま》って実相を念《ねん》ずる、即《すなわ》ち「内在《ないざい》の父に祈る」ということは非常《ひじょう》に効果《こうか》があります。しかし多勢集《おおぜいあつま》って祈る場合には、多勢《おおぜい》いるだけに、大声《おおごえ》をあげて、私はかくの如《ごと》く信仰が深いというふうに他《ひと》に虚栄心《きょえいしん》でみせびらかすために祈るように危険《きけん》が伴《ともな》いやすいのです。そういう場合には、多勢集《おおぜいあつま》って祈ることが却《かえ》って虚栄心を増長《ぞうちょう》さすところの祈りになる。そういう誘惑《ゆうわく》に乗《の》り易《やす》い人々《ひとびと》のために、イエスは「密室《みっしつ》の祈り」を勧《すす》め、念波《ねんぱ》の共鳴《きょうめい》で実相と調和する念《ねん》の増大《ぞうだい》を目的《もくてき》とするために集団《しゅうだん》の祈りを勧められたのであります。そういう意味《いみ》に於《おい》て吾々《われわれ》は、ある時《とき》にはただ一人自室《ひとりじしつ》に籠《こも》って聖典《せいてん》を読み、一人端坐《ひとりたんざ》して実相《じっそう》を念《ねん》ずることも必要《ひつよう》でありますが、時々信仰厚《ときどきしんこうあつ》き人《ひと》たちが多勢《おおぜい》集《あつま》っていられて、実相を念《ねん》ずる念波《ねんぱ》が増大強化《ぞうだいきょうか》した磁場《じじょう》即《すなわ》ち道場《どうじょう》の中《なか》へ這入《はい》って心を一《ひと》つにして実相を念《ねん》じて、ややもすれば迷《まよ》いに捉《とら》えられようとする自分《じぶん》の念《ねん》を実相化《じっそうか》することも必要であります。

偽善行為《ぎぜんこうい》は何故《なぜ》悪いか

偽善《ぎぜん》がどうして悪いかといいますと、これは実相を知らないからであります。先刻《せんこく》も申《もう》しましたように、実相というものをどんなに穢《けが》しても穢《けが》れるものでない、傷《きず》つけても傷つくものでないという真《しん》の大自覚《だいじかく》から、イエスは「人《ひと》もし汝《なんじ》の右の頬《ほほ》を打たば、左をも向けよ」といわれたのです。偽善が悪いというのは、実相の無自覚《むじかく》、虚飾《きょしょく》も何《なに》もしないでも人間《にんげん》は神の子であっ

端坐　姿勢を正してすわること

磁場　磁石や電流のまわりに生ずる磁気の力が作用する範囲。磁界

頭注版㉚二四二頁

て、そのままで尊《とうと》いという大自覚《だいじかく》の欠乏《けつぼう》であるからであります。人《ひと》が褒《ほ》めれば自分《じぶん》の値打《ねうち》が上《あが》るとか、こういうことをして人に見せびらかしたら自分の値打《ねうち》が殖《ふ》えるとか、そういうふうに色々《いろいろ》附《つ》け加《くわ》えなければ人間《にんげん》に値打《ねうち》がないというふうに感《かん》じている人は、「そのままでどうしないでも既《すで》に尊《とうと》い自分」だということが判《わか》らず、そのため人の前《まえ》で名誉《めいよ》になりそうなことを見せびらかすようなことになるのであります。

ですから、偽善《ぎぜん》を敢《あ》えてするような人は実相《じっそう》の円満完全《えんまんかんぜん》であるという自覚《じかく》を持っていないわけであります。本当《ほんとう》に自分が円満完全であって既《すで》に我等《われら》は神の子で、至美至浄《しみしじょう》でこの上一毫《うえいちごう》も加えることも減《げん》ずることも出来《でき》ないものであるということが解《わか》った人には、偽善的所業《ぎぜんてきしょぎょう》をしてみずから現《あらわ》れんことを願わなくなってしまうのであります。

至美至浄　この上なく美しく、この上なくきよらかなさま

所業　ふるまい。しわざ

感謝《かんしゃ》の祈《いの》り、自然《しぜん》に実相《じっそう》の流露《りゅうろ》する祈り

頭注版㉚二四三頁

祈る必要《ひつよう》も何《なに》もない、そのままで人間《にんげん》は神の子であり救《すく》われているのに何《な》故《ぜ》祈るかと申《もう》しますと、先刻《せんこく》申しました実相に調和《ちょうわ》した念《ねん》を起《おこ》すためですが、一層《いっそう》進むと自分《じぶん》が神の子である円満完全《えんまんかんぜん》な実相を悟《さと》ると自然と有難《ありがた》くてそれを唱《とな》えずにはおれなくなる。そういう具合《ぐあい》の祈り、仏教《ぶっきょう》ならば常住坐《じょうじゅうざ》臥《が》の念仏《ねんぶつ》というものにならないと本当《ほんとう》の祈りではないのであります。常住《じょうじゅう》坐臥《ざが》の祈りとか、常住坐臥《じょうじゅうざが》の念仏《ねんぶつ》とか申しますと、イエスのいわれた「祈る時《とき》、異邦人《いほうじん》のごとく徒《いたず》らに言《ことば》を反復《くりかえ》すな。彼《かれ》らは言《ことば》多きによりて聴《き》かれんと思うなり」という警告《けいこく》と衝突《しょうとつ》するかというと、そうではありません。イエスが反対《はんたい》せられた異教徒《いきょうと》の反復語《くりごと》の祈《いの》りというのは、「どうぞこのことの叶《かな》いますように、あの事《こと》を叶《かな》わさせて下《くだ》さい」と一所懸命《いっしょけんめい》に、一時間《じかん》も二時

常住坐臥　すわっている時も寝ている時も、いつも。常に

くりごと　言ってもしかたのないことを何度も繰り返し言うこと

間も同じことを、クドクドといっている中《うち》には神さまも嫌《いや》でも聞いて下《くだ》さるというふうな、反復《はんぷく》の祈《いの》りの言葉を捧《ささ》げていると、その言葉の数《かず》によって神《かみ》様《さま》と取引《とりひき》して御利益《ごりやく》を得《う》るというような、そういう御利益信心《ごりやくしんじん》はいけないという意味《いみ》であります。

こういう御利益信心《ごりやくしんじん》が何故《なぜ》いけないかと申《もう》しますと、こういう祈りは、既《すで》に救《すく》われ、既《すで》に恵《めぐ》みの足りている実相《じっそう》の神の子なる自己《じこ》の円満完全《えんまんかんぜん》さというものが分《わか》らないからこそ、そんな祈りが出て来るのだからであります。自分《じぶん》自身《じしん》が既《すで》に与えられている円満完全さというものが分《わか》らないから、言葉を反《くり》復《かえ》す事《こと》によってよけい神様によって、聴《き》かれるであろうと思うのです。既《すで》に自分《じぶん》で円満完全であり、神は無限《むげん》の叡智《えいち》によって吾々《われわれ》になくてはならぬものを与《あた》え給《たま》うのだということが分《わか》ったら、そんなに繰返《くりかえ》してクドクドと願うことは要《い》らなくなるのであります。

私が子供《こども》の時《とき》、本を読みましたら、その本に、或《あ》る念仏《ねんぶつ》の好《す》きなお婆《ばあ》さんのことが書いてありました。そのお婆《ばあ》さんは、毎日毎日《まいにち》「南無阿弥陀仏《なむあみだぶつ》」と間断《かんだん》なしに称名念仏《しょうみょうねんぶつ》しているのです。良人《おっと》がそれを聞いていると、煩《うる》さくて煩《うる》さくて仕様《しよう》がない。何《なん》とかしてそれを止《や》めさせたいと思うけれども、どうしても止《や》めてくれないのだそうです。それからその良人《おっと》たるお爺《じい》さんが良《よ》い方法《ほうほう》を案出《あんしゅつ》して、こうしたらお婆《ばあ》さんはきっと念仏《ねんぶつ》を止《や》めてくれるに違《ちが》いないと思って、それから毎日《まいにち》お婆《ばあ》さんの名前《なまえ》を間断《かんだん》なしに呼《よ》ぶことにしたそうです。何《なん》という名前か知りませんけれども、お政《まさ》なら「お政《まさ》、お政《まさ》……」といって間断《かんだん》なしに呼ぶ。そういって呼んでいると、お婆《ばあ》さんは煩《うる》さがって「そんなに呼んでくれるな。煩《うる》さくて仕方《しかた》がない」というのです。それでもお爺《じい》さんは、「お政《まさ》、お政《まさ》、お政《まさ》……」と間断《かんだん》なしに呼ぶ。するとしまいには、そのお婆《ばあ》さんがお爺《じい》さんにひどく怒《おこ》り出《だ》したのです。その時《とき》お爺《じい》さんがいった。「お前《まえ》もそんなに阿弥陀《あみだ》さんの名前を、間断《かんだん》なく南無阿弥《なむあみ》陀仏《だぶつ》、南無阿弥陀仏《なむあみだぶつ》といっておったら、いくら阿弥陀《あみだ》さんでも煩《うる》さくて、と

「南無阿弥陀仏」 阿弥陀仏に帰依する意を表す言葉。浄土宗、浄土真宗などで称える

間断なし とめどなく。連続して

称名念仏 阿弥陀仏の名を口にとなえること

案出 工夫して考え出すこと

うとうお前《まえ》に怒《おこ》ってしまって、却《かえ》って御利益《ごりやく》を下《くだ》さらないぞ」とこういうのです。お婆《ばあ》さんは、念仏《ねんぶつ》となえて御利益《ごりやく》を与えてもらえないなら大変《たいへん》だと思って念仏《ねんぶつ》を止《や》めてしまった。（笑声《しょうせい》）そういう話を子供《こども》の時《とき》に読んだのであります。そのお婆《ばあ》さんはどういう心境《しんきょう》で「南無阿弥陀仏《なむあみだぶつ》」といわれたのか知りませんが、もしこれが本当《ほんとう》に称《とな》える言葉の数《かず》が多い程《ほど》、その言葉の数《かず》によって報《むく》いられるというふうな気持《きもち》で称《とな》える念仏《ねんぶつ》でありましたら嘘《うそ》の念仏《ねんぶつ》であります。しかし、そうでなしに、本当《ほんとう》に既《すで》に与えられている状態《じょうたい》、既《すで》に救《すく》われている実相《じっそう》、既《すで》に南無阿弥陀仏《なむあみだぶつ》と同体《どうたい》であるという自覚《じかく》から自然《しぜん》にその実相が言葉に鳴り出して「南無阿弥陀仏《なむあみだぶつ》」と念仏《ねんぶつ》せずにはいられないのでしたならば、これはイエスの反対《はんたい》せられた反復《くりかえし》の念仏《ねんぶつ》、反復《くりかえし》の祈りでないのであります。言葉は反復《くりかえ》しても、そういう実相のヒビキが自然《しぜん》に流露《りゅうろ》するような念仏《ねんぶつ》であれば、それを聞いていると自然に心が和《なご》やかになって、煩《うるさ》い念仏《ねんぶつ》にはなって来ないはずです。ですから、そういう報恩感謝《ほうおんかんしゃ》の自然と出る

報恩　恩恵にむくいること。恩返しをすること

ような念仏《ねんぶつ》をここに攻撃《こうげき》しておられるわけではないのであります。言葉数《ことばかず》さえ多ければ、「欲《ほ》しい欲しい」というものを神様《かみさま》は与えて下《くだ》さると思って、繰返《くりかえ》し繰返し幾度《いくど》も幾度も頼《たの》んでいるような祈《いの》りというものが間違《まちが》っていることをイエスがいっておられるのであります。ですから、イエスは「さらば彼《かれ》らに倣《なら》うな」といっておられる。その次の「汝《なんじ》らの父は求めぬ前《さき》になんじらの必要《ひつよう》なる物《もの》を知りたまう」というところは、先刻《せんこく》も申《もう》しましたように生《せい》長《ちょう》の家《いえ》の教《おし》えの中心《ちゅうしん》でございます。実相《じっそう》の神様は吾《われ》らの求めぬ前《さき》に吾《われ》らに必要なる一切《いっさい》のものを知り、且《か》つ与えていたまうのであります。既《すで》に吾々《われわれ》の必要なるものを知り、すでにそれを与えておられるのですから、別《べつ》にクドクドと頼むべき何《なに》ものもないのであります。すでに与えられているということを知ったらそれで良《よ》いのであります。必要なる一切のものは既《すで》に与えられているのに、それをまだ与えられていないと思う心は実相を知らない嘘《うそ》の心であります。この既《すで》に与えられているということを仏教的《ぶっきょうてき》にいえば、我々《われわれ》はこのまま極楽浄土《ごくらくじょうど》にいるということになるのです。極楽浄土は既《すで》にここにあるのです。それが、解《わか》らない人《ひと》は、「どうぞ、死んでから極楽浄土にやって下《くだ》さい。南無阿弥陀仏《なむあみだぶつ》。」こういうふうに祈《いの》りの言葉になって出てくるのであります。尤《もっと》も「南無阿弥陀仏《なむあみだぶつ》」と称《とな》えるのは、「念仏《ねんぶつ》」といって、「祈り」とは申《もう》しません。「念仏《ねんぶつ》」とは仏《ほとけ》を心に念《おも》うことです。阿弥陀仏《あみだぶつ》に帰命《きみょう》し、帰一《きいつ》し、そのまま阿弥陀仏《あみだぶつ》と同体《どうたい》だと念《ねん》ずることです。するとここにそのまま極楽《ごくらく》がある事《こと》がわかるのが念仏《ねんぶつ》であります。そしてそれが生長《せいちょう》の家《いえ》の教《おし》えなのであります。真宗《しんしゅう》では「臨終《りんじゅう》の一念《いちねん》」と申しますが、臨終というのはこの肉体《にくたい》の無《な》くなる刹那《せつな》です。ところが生長の家では「肉体は本来無《ほんらいな》い」と悟《さと》ります。「本来無《な》い」と悟った時《とき》が「肉体の臨終《りんじゅう》」であります。だから「生長の家」では常《つね》に臨終《りんじゅう》であり、常に臨終《りんじゅう》の一念《いちねん》によってここに極《ごく》楽世界《らくせかい》が現前《げんぜん》していることを悟《さと》るのであります。ところが、病気《びょうき》している人であるとか失業《しつぎょう》している人であるとか、色々《いろいろ》苦しみ、悩《なや》み、災難《さいなん》のある人

帰命　仏教語。教えを信じ、従うこと

帰一　分かれていたものが一つの元に帰ること

真宗　浄土真宗。鎌倉時代初期に法然の弟子親鸞によって立てられた浄土教の一派。阿弥陀仏による救済、他力本願を宗旨とする

臨終の一念　臨終の時、最後に一遍「南無阿弥陀仏」と唱える念仏のこと

刹那　瞬間

現前　目の前にあらわれること

などには、ここがこのまま極楽浄土《ごくらくじょうど》であるといったって、そんな馬鹿《ばか》なことはない、現《げん》にここに自分《じぶん》は病気《びょうき》をし、貧乏《びんぼう》をし、失業《しつぎょう》をし、借金取《しゃっきんと》りは遣《や》って来て自分を苦しめる、こんな極楽浄土《ごくらくじょうど》があるものか、こんな極楽《ごくらく》なら要《い》らんと、こういわれることにもなるのであります。

現実《げんじつ》が浄土《じょうど》に変貌《へんぼう》する

頭注版㉚二四七頁

ところが、ここが極楽浄土《ごくらくじょうど》であるという「ここ」という、この浄土が、この自覚《じかく》と共《とも》に、ここに現前《げんぜん》して来《く》るのが、本当《ほんとう》の信仰《しんこう》なのであります。既《すで》に西方極楽《さいほうごくらく》の方《ほう》を向いていると、こういってあげましても、自分は東《ひがし》の方《ほう》を向いている、西《にし》の方《ほう》へは向いておらんと、こう考える人がありまます。しかしその時、その人が本当に西方《さいほう》を向いて寝《ね》ているとすると、あんた東を向いているると思っているけれども、そのままで西方《さいほう》ですよ、こういわれるそのまま

西方極楽　仏教語。娑婆世界（人間界）から西方に長い距離を隔てたかなたにあるとされる安楽な世界。西方浄土

そこが西方《さいほう》である、とこう気《き》が附《つ》いた時《とき》に、今迄東方《いままでとうほう》である、東《ひがし》の方《ほう》を向いておったと思っておったことも消えるのです。東というのは唯《ただ》その人《ひと》の観念《かんねん》の中《なか》にのみあったのです。ここが西方《さいほう》だと知ったとき、もう東は消えたのです。「そのままがあなた、西方《さいほう》ですよ」といわれたとき、**東→西方**と変貌《へんぼう》するのです。その時《とき》、東はもう無《な》い、西方《さいほう》ばかりなのです。それと同じようにここが穢土《えど》だと思っている者《もの》も、「ここが浄土《じょうど》だ」と知ったが最後《さいご》、穢土《えど》がそのまま浄土に変貌《へんぼう》するのです。娑婆即寂光土《しゃばそくじゃっこうど》というのはそういう意味《いみ》であります。

「あァこのままが西方向《さいほうむ》きだった」と気が附《つ》いた時東向《ひがしむ》きであるということが消える。それと同じように「あなたそのままで健康《けんこう》ですよ」といえば、今《いま》「病気《びょうき》である、病気である」と思っていたのが、そのまま健康に変貌してしまうのです。この病気をしているそのことが健康であるのではないので、病気が自然《しぜん》に消えてしまって既《すで》に健康であるところの自分《じぶん》を見出《みいだ》すのです。

穢土　仏教語。煩悩に迷う穢(けが)れた者が住む世界

娑婆即寂光土　娑婆はこの世、寂光土は法身仏(ほっしんぶつ)の住む浄土。この世がこのまま浄土であること

「東《ひがし》」を「西方《さいほう》」だと名前《なまえ》をつけかえたのではなく「東」が消えて「西方《さいほう》」だけが現《あらわ》れる。こういうことになるのであります。そのまま、極楽浄土《ごくらくじょうど》をここに見出《みいだ》し、そのまま健康《けんこう》をここに見出《みいだ》す。総《すべ》てが与えられている。すでに太陽《たいよう》は煌々《こうこう》と輝《かがや》き出《いで》ているのです。そのままで眼《め》を開《ひら》いて御覧《ごらん》なさい。もう太陽が照《て》っているのだ。そのまま暗い闇《やみ》なぞは無《な》いのだというわけです。この「そのまま」という「そのまま」を悟《さと》るのが悟《さとり》なのです。そういう悟《さとり》の祈《いの》りというものは、どういう祈りようであるかというと、こういうように祈るべきであるということをイエスは教《おし》えておられるのであります。これは聖《せい》書《しょ》で有名《ゆうめい》な「主《しゅ》の祈《いの》り」と称《しょう》せられるもので、祈りの模範《もはん》になっているのであります。

煌々　きらびやかに輝くさま

主《しゅ》の祈《いの》りの解釈《かいしゃく》

○天《てん》にいます我《われ》らの父よ、願《ねがわ》くは、御名《みな》の崇《あが》められん事《こと》を。御国《みくに》の来《きた》らんことを。御意《みこころ》の天《てん》になる如《ごと》く、地《ち》にも行《おこな》われん事を。我《われ》らの日用《にちよう》の糧《かて》を今日《きょう》もあたえ給《たま》え。我《われ》らに負債《おいめ》ある者《もの》を我《われ》らの免《ゆる》したる如《ごと》く、我《われ》らの負債《おいめ》をも免《ゆる》し給《たま》え。我《われ》らを嘗試《こころみ》に遇《あわ》せず、悪《あく》より救《すく》い出《いだ》したまえ。汝等《なんじら》もし人《ひと》の過失《あやまち》を免《ゆる》さば、汝《なんじ》らの天の父も汝《なんじ》らを免《ゆる》し給《たま》わん。

こう書いてあります。主《しゅ》の祈《いの》りの詳《くわ》しい解釈は『生命《いのち》の烈風《はやて》』という本、又《また》は『生命《せいめい》の實相《じっそう》』全集《ぜんしゅう》ではその第《だい》三巻《かん》の「聖霊篇《せいれいへん》」に載《の》っておりますが、あれを読んで下《くだ》さるといいと思いますから、ここには詳《くわ》しく述《の》べません。この祈りを表面《ひょうめん》から解《かい》しますと、やはり「吾《われ》らの父よ、何々《なになに》を与《あた》え給《たま》

頭注版㉚二四九頁

天にいます… 『新約聖書』「マタイ伝」第六章九〜一四節

糧 食糧。食物

負債（ふさい） 借りている金銭や物品。また、気持ちに負担を感じることがら

嘗試（しょうし） ためしてみること。ここでは悪への誘惑の意。本全集第十巻「聖霊篇」下巻六〇頁参照

『生命の烈風』 昭和九年、生命の藝術社刊。翌年発行の『生命の實相』全集第三巻「聖霊篇・実証篇」の内容を収録。本全集では第八〜十一巻

第三巻 昭和十年発行の黒布表紙版全集の第三巻

え」というふうな祈《いの》りになっております。総《すべ》て、聖書《せいしょ》でも仏典《ぶってん》でも、或《あ》る時《とき》に於《お》ける某《あ》る集《あつま》りの人々《ひとびと》に対《たい》する対機説法《たいきせっぽう》になっているのであります。説《せっ》教《きょう》というものは相対《あいたい》する聴衆《ちょうしゅう》に従《したが》って説《と》き方《かた》も用語《ようご》も変《かわ》って来なければならないのであります。例《たと》えば高徳《こうとく》の菩薩達《ぼさつたち》のいる時にお釈迦《しゃか》さんがする説教と、低く声聞《しょうもん》の弟子達《でしたち》がいる時にお釈迦《しゃか》さんがする説教とは、同じ真理《しんり》でもその説教の相《すがた》が変《かわ》ってくるのであります。イエスが「主《しゅ》の祈り」を説いた頃《ころ》は、初期《しょき》の弟子達《でしたち》が集《あつま》っていて、そして大《たい》した悟《さとり》を開《ひら》いた人《ひと》もいないのです。だから内面《ないめん》から解《かい》すると非常《ひじょう》に深い真理を有《も》っているけれども、表《ひょう》面《めん》から解するとやはり低い人にも応用出来《おうようでき》るように深い真理を低めて書いてあるのであります。これを本当《ほんとう》の深い点《てん》から解すると、この祈りの中心《ちゅうしん》は、「御心《みこころ》の天《てん》になる如《ごと》く地《ち》にもならんことを」であります。この「天」というのは何《なん》であるかといいますと実相《じっそう》のことであります。「実相の神」のことを「天に在《いま》す我《われ》らの父」とこう称《しょう》してあるのでありまして、もし神が（上方《じょうほう》

高徳　徳がすぐれて高いこと。また、その徳をそなえた人

声聞　仏教語。釈迦の説法する声を聞いて悟る弟子。菩薩、縁覚より下に位置する。大乗仏教からは自己の悟りのみを求める者として批判された

を指《ゆびさ》して）この天《てん》にだけおられるとすると、我々《われわれ》は常《つね》には神の国《くに》に住んでいないということになります。こんな信仰《しんこう》では我々《われわれ》は安心出来《あんしんでき》ないのであります。神様《かみさま》は天地到《てんちいた》る処《ところ》に遍満《へんまん》しておられる。これが絶対普遍《ぜったいふへん》の神様であります。だから、この「天に在《いま》す」というのは実相《じっそう》に於《お》て到る処《ところ》に在《いま》すという意味《いみ》であります。ですから、「御意《みこころ》が天になる」というのは「実相世界《じっそうせかい》」に於《お》ては、すでにこの世《よ》は極楽浄土《ごくらくじょうど》である。「実相世界」に於《お》ては、すべての国々中心《くにぐにちゅうしん》に帰一《きいつ》してヒノモトに統一《とういつ》せられているのです。「実相世界」に於《お》ては、一切《いっさい》の争《あらそ》いというものはないのです。そしてすでにこの世界《せかい》には総《すべ》ての病気《びょうき》というものはないのです。これが大調和《だいちょうわ》の実相の世界であります。その実相世界に御意《みこころ》が成就《じょうじゅ》せるが如《ごと》く、現象世界《げんしょうせかい》にも神の智慧《ちえ》と愛とが行亙《ゆきわた》り、この現象世界も実相世界同様《どうよう》に完全《かんぜん》になりますようにと祈《いの》るのが、「主《しゅ》の祈り」の中心になっているのであります。そしてこの実相の波動《はどう》に我々《われわれ》の心が調和《ちょうわ》した時《とき》に、はじめてこの現象世界が実相世界そのままの映像《うつし》

遍満　あまねく満ちわたっていること

ヒノモト　現象の日本国一国に限定されない、あらゆる宗教の教えに共通する実相世界の中心を示す言葉。著者に天降った啓示である三十三の「神示」の中の「実相金剛身の神示」「万教包容の神示」に明示され、『秘められたる神示』に著者の講義がある

のように完全《かんぜん》に再現《さいげん》して来るのであります。蓄音機《ちくおんき》にレコードを掛《か》けて廻《まわ》しましても、蓄音機のサウンドボックスという音《おん》を出す機械《きかい》のところが、レコードに吹《ふ》き込《こ》んだ人《ひと》の肉声《にくせい》と同じように、微妙《びみょう》に音波《おんぱ》の振動《しんどう》を起《おこ》すようになっていない時《とき》には、蓄音機から出て来る音《おん》が折角吹込《せっかくふきこ》んでもらった大音楽《だいおんがく》家《か》の声通《こえどお》りに再現《さいげん》して出て来ないのであります。それと同じように、この現《げん》象世界《しょうせかい》に実相世界《じっそうせかい》の完全な姿《すがた》そのままを再現しようと思うならば、我々《われわれ》の心のサウンドボックスが、非常《ひじょう》に精巧《せいこう》な実相世界の振動数《しんどうすう》と一致《いっち》するような振動数をもったサウンドボックスになってこそ、はじめて実相世界の振動をばこの世《よ》に再現し、その振動が客観化《きゃっかんか》されて、完全な現実浄土《げんじつじょうど》がこの世に現《あらわ》れて来るのであります。ですから、我々《われわれ》は自分《じぶん》の起《おこ》す念《ねん》を実相《じっそう》の響《ひびき》と調和《ちょうわ》した念《ねん》にすることが必要《ひつよう》である。実相と同じ振動数をもったサウンドボックスで実相の波長《はちょう》を受けることによってはじめて実相の響《ひびき》というものが現象世界に出てくるのであります。で、この「祈《いの》り」というものは何《なん》であるかと申《もう》し

蓄音機　レコードの溝に針を落として音声を再生する装置。一八七七年にエジソンが実用化させた

レコード　螺旋状の溝に音声を記録した円盤。コンパクトディスク(CD)が普及するまで広く使われた

サウンドボックス　旧式の蓄音機で、レコードの針先から伝わる振動を音に変換して再生する装置

精巧　細工がこまかく巧みであること

ますと、自己《じこ》の念《ねん》を整《ととの》えて、大調和《だいちょうわ》の実相世界《じっそうせかい》の念《ねん》と、今《いま》の念《ねん》とを波長《はちょう》を合わせるようにする働《はたら》きであります。実《じつ》の声《こえ》と振動数《しんどうすう》の合ったところのサウンドボックスを掛《か》けて、蓄音機《ちくおんき》を廻転《かいてん》したならば発声者《はっせいしゃ》と同じ声が再現《さいげん》してくるのです。では、自己の心をそういう実相《じっそう》の波長に合うような良《よ》きサウンドボックスたらしめる為《ため》には吾々《われわれ》はどうしたら良《よ》いかと申《もう》しますと、ここにある「我等《われら》に負債《おいめ》ある者《もの》を、我《われ》らの免《ゆる》したる如《ごと》く我《われ》らの負債《おいめ》をも免《ゆる》し給《たま》え」であって、吾々《われわれ》は一切《いっさい》を赦《ゆる》して、神の博大《はくだい》な愛と調和《ちょうわ》するように自《みずか》らの念《ねん》を博大なものにしなければならない。神に於《お》ては一切悪《あく》がない。神は光《ひかり》であるから、一切罪《つみ》をみられないのであって、その見給《みたま》うところ、悉《ことごと》く光そのものである。このような神と同じ心になった時《とき》に、はじめて我々《われわれ》はこの実相の波長と自分《じぶん》の心の波長とが、ちょうど調和した姿《すがた》になるのです。ですから、神の心の波長と自分の心の波長とを合わすために祈《いの》る祈りに於《お》ては、特《とく》にそれが必要《ひつよう》なのです。祈るに当《あた》って神と同じき博大な愛をもって皆免《みなゆる》してしま

博大　ひろくて大きいこと

うことが必要《ひつよう》なのです。ですから「主《しゅ》の祈《いの》り」の註釈《ちゅうしゃく》には、「汝等《なんじら》もし人《ひと》の過失《あやまち》を免《ゆる》さば、汝《なんじ》らの天《てん》の父も汝《なんじ》らを免《ゆる》し給《たま》わん」とあるのであります。この言葉の如《ごと》きはちょっと表面《ひょうめん》から見ますと、「お前《まえ》は人を免《ゆる》したから神だって免《ゆる》し給《たま》うのであろう。お前が免《ゆる》さなかったら、神だってお叱《しか》りになってお免《ゆる》しにならないであろう」とこういう解釈《かいしゃく》にもなりまして、神様《かみさま》はやはり人間《にんげん》の態度如何《たいどいかん》によってお怒《いか》りになるようにも考えられるのであります。けれどもこれは表面の解釈であって、神様に神罰《しんばつ》があると説《と》かなければ、どうも良《よ》い事《こと》が出来《でき》ないというふうな低級《ていきゅう》な人間に説く場合《ばあい》には、神の教《おし》えがこういう説《と》き方《かた》になって現《あらわ》れるわけです。これも決《けっ》して悪いというわけではない。そういう程度《ていど》の人は地上《ちじょう》にはむしろたくさんいるので、そういう人を救《すく》うためには神罰《しんばつ》を説いて、神罰《しんばつ》を恐《おそ》れるために努力《どりょく》して人間が良《よ》くなるのですから、該教《そのおしえ》はそれでそういう程度の人達《ひとたち》にとっては大変結構《たいへんけっこう》なことであります。けれども「汝《なんじ》らもし人の過失《あやまち》を免《ゆる》さば、汝《なんじ》らの天の父も汝《なんじ》らを免《ゆる》し給《たま》わん」を表面的《ひょうめんてき》に解《かい》して、お前《まえ》が免《ゆる》さなかったら神様《かみさま》もお免《ゆる》しにならないというふうには神様は気の短い方《かた》ではないのであります。神様は始《はじ》めから赦《ゆる》していられるのです。神様は始めから総《すべ》てを愛していられるのです。神様は始めから無限《むげん》の愛の念波《ねんぱ》を送っていられるのです。その愛の念波《ねんぱ》と自《じ》分《ぶん》の念波《ねんぱ》と一致《いっち》して良《よ》きサウンドボックスとなって神様の念波《ねんぱ》そのままの音《おと》をこの地上《ちじょう》に顕《あらわ》す為《ため》には、やはりどうも神罰《しんばつ》を恐《おそ》れるよりも神様は始めから赦《ゆる》していられるという大安心《だいあんじん》の平和《へいわ》の念波《ねんぱ》を起《おこ》す方《ほう》が実相《じっそう》と調和《ちょうわ》した念《ねん》を生《しょう》じ易《やす》いのであります。ここに「このまま既《すで》に救《すく》われている」と実相を念《ねん》ずる生長《せいちょう》の家《いえ》の祈《いの》り(即《すなわ》ち神想観《しんそうかん》)が如何《いか》に尊《とうと》い祈りであるかが判《わか》るのであります。今日《きょう》はこれで失礼致《しつれいいた》しまして、また皆《みな》さんの御体験談《ごたいけんだん》や御感想《ごかんそう》を承《うけたまわ》ることといたします。

大安心　仏教語。仏の教えを学んで得た心の安らぎ

普門成就《ふもんじょうじゅ》の教《おし》え

今日《こんにち》は前回《ぜんかい》の講義《こうぎ》を承《う》けて聖書《せいしょ》の「マタイ伝《でん》」の「山上《さんじょう》の垂訓《すいくん》」の続きを講義致《いた》します。

聖書の講義を致しますと、生長《せいちょう》の家《いえ》はキリスト教《きょう》かしら、こう思う人《ひと》が往々《おうおう》にして在《あ》るかも知れません。生長の家は一宗《しゅう》一派《ぱ》に偏《かたよ》った宗教《しゅうきょう》ではないのでありまして、といって今迄《いままで》の宗教を総《すべ》て排斥《はいせき》して別派《べっぱ》を立てるのでもない、総《すべ》ての教《おし》えを包容《ほうよう》してその神髄《しんずい》を生かすというふうな立場《たちば》にあるのであります。それで生長の家はキリスト教の聖書をも生かさなければならない。今迄《いままで》キリスト教にも色々《いろいろ》の教派《きょうは》があるのでありまして、色々の派《は》の教会《きょうかい》が出来《でき》ている。これ等《ら》のキリスト教の色々の教会の開祖《かいそ》たちは、やはり同じく聖書に基《もとづ》いて教えを説《と》いたのであるけれども、それが色々分《わか》れて来たとい

頭注版㉚二五三頁

普門成就　『観音経』に説かれている、あまねく一切の宗門や宗派の人をも救うはたらき。本全集第二十四巻「倫理篇」下巻九九頁、谷口雅春・佐藤勝身共著『法華經解釋』二六九頁等参照

今日は…　昭和十一年一月十九日に赤坂の本部講堂で行われた四回目の「山上の垂訓」の講義。筆記録は『生長の家』誌昭和十一年八月号に掲載され、後に『生命の實相』全集「聖典講義篇」として収録された

教派　宗教の流派

開祖　創始者

うのは、聖書《せいしょ》が色々《いろいろ》にとれるように書いてあるということに基《もと》づくのでありま

す。ところで、この色々にとれるように書いてある聖書を、生長《せいちょう》の家《いえ》は今《いま》

迄《まで》の教派《きょうは》が解《かい》しなかったように解して教《おし》えを説《と》いたという点《てん》からいえば、生

長の家はキリスト教《きょう》に新生面《しんせいめん》をひらいたことになり、新しき教派をひらいた

ということにもなるのであります。しかしながら、今迄《いままで》のキリスト教は如何《いか》

なる教派でもキリスト教の聖書だけを根拠《こんきょ》としてそれに基《もと》づいて教えを説いた

のですが、生長の家では仏教《ぶっきょう》の経典《きょうてん》も引っぱり出して来て、そこにも同じ

真理《しんり》があることを発見《はっけん》し、仏教にも新しき見解《けんかい》を与えたのであります。こう

いう点からいうと、生長の家は旧《ふる》き仏教に新しき教派を開《ひら》いたともいえるの

であります。今迄《いままで》の各派《かくは》の仏教にしましてもその宗派《しゅうは》の開祖《かいそ》というものは、

やはり釈迦《しゃか》の教え(仏教の経典)に新しき解釈《かいしゃく》を与え、新しき光《ひかり》を見出《みいだ》した

ので新しき宗派が出来《でき》たのであります。釈迦の教えは在来《ざいらい》の宗派と同じよう

に解釈しなければ間違《まちがい》であるということはない。浄土宗《じょうどしゅう》が顕《あらわ》れたときには浄

浄土宗 法然上人を開祖とし、平安時代末期に興った仏教の宗派。南無阿弥陀仏と念仏を称えれば極楽に往生するという他力の教え

土宗が新興宗教《しんこうしゅうきょう》であったし、日蓮宗《にちれんしゅう》が生《うま》れたときには日蓮宗が新興宗教であったのであります。だから必《かなら》ずしも新興宗教が悪いというわけはないのであります。

生長《せいちょう》の家《いえ》は古神道《こしんとう》も生かしている、即《すなわ》ち今迄《いままで》の日本《にっぽん》の古典《こてん》や宗派《しゅうは》神道《しんとう》の教《おし》えに新しき解釈《かいしゃく》を与え、新しき光《ひかり》を与え、新しき生命《せいめい》を引き出したということによって生長の家は一《ひと》つの神道《しんとう》の教派《きょうは》であると、こうも見ることも出来《でき》るのであります。といって、神道のみにあらず、仏教《ぶっきょう》のみにあらず、キリスト教《きょう》のみにあらず、総《すべ》ての教えに光を与え、そこから生命《せいめい》を引き出して来て、それをチャンと一つに包容融合《ほうようゆうごう》せしめて、如何《いか》なる宗教《しゅうきょう》とも争《あらそ》いのないように、一つの共通《きょうつう》なる救《すく》いの真理《しんり》を見出《みいだ》して、それを伝えるのですから、「生長の家」は単《たん》にキリスト教の一派《ぱ》でもなければ、仏教の一派でもない、また神道の一派でもない、一派というふうな一つの派生《はせい》したものではない。総《すべ》てを生かすところの、一つの大きな生命《せいめい》を摑《つか》んでいるものであると、

日蓮宗 鎌倉時代に日蓮が開いた仏教の宗派。『法華経』を根本経典とし、経典に帰依する意を表す題目「南無妙法蓮華経」を称える

古神道 仏教などの外来思想が入ってくる以前の日本古来の信仰。「神ながらの道」

派生 ある源から別の物事が分かれてできること

こういうことが出来《でき》るのであります。そういう意味《いみ》に於《おい》て、私は、近頃毎日《ちかごろまいにち》曜《よう》に講堂《こうどう》で聖書《せいしょ》の講義《こうぎ》をしているのであります。私は先般来《せんぱんらい》、「耶蘇伝《やそでん》」を戯曲《ぎきょく》にして書いておりますが、それもやがてはどこかで上演《じょうえん》されることになるかと思いますが、昨年《さくねん》の秋には「釈迦《しゃか》と維摩詰《ゆいまきつ》」を戯曲に書いて大隈会《おおくまかい》館《かん》で公演《こうえん》して頂《いただ》いたのであります。仏教《ぶっきょう》の経典《きょうてん》を生かしても単《たん》なる仏教の一派《ぱ》ではない。キリスト教《きょう》の聖書《せいしょ》を生かしても単《たん》なるキリスト教の一派ではない。かくの如《ごと》くにして、生長《せいちょう》の家《いえ》は総《あら》ゆる宗派《しゅうは》に偏《かたよ》らず、総《あら》ゆる教派《きょうは》に偏らないで、総《すべ》てを綜合統一《そうごうとういつ》してその神髄《しんずい》を生かす働《はたら》きをするのであります。さて、今日《こんにち》は「マタイ伝《でん》」の第《だい》六章《しょう》の十六節《せつ》からであります。ちょっと読んでみます。——

本当《ほんとう》の断食《だんじき》の意義《いぎ》

講堂で聖書の講義　本巻二〇四頁六行目までがその講義録にあたる。昭和十一年の『生長の家』誌上に四回にわたって発表された。本巻の最後の二項目も翌年の同誌一・二月号に執筆・掲載された

「耶蘇伝」　昭和十一年に『生命の藝術』誌に掲載後、同年刊『釈迦・維摩・耶蘇』に収録された戯曲。昭和十二年三月三日に日比谷公会堂に於て上演された。『生命の實相』全集には昭和二十七年刊新修版より「宗教戯曲篇」に収録された

戯曲　上演することを目的として書かれた演劇の台本

頭注版㉚二五六頁

○「汝《なんじ》ら断食《だんじき》するとき、偽善者《ぎぜんしゃ》の如《ごと》く、悲しき面容《おももち》をすな。彼《かれ》らは断食することを人《ひと》に顕《あらわ》さんとて、その顔色《かおいろ》を害《そこな》うなり。誠《まこと》に汝《なんじ》らに告《つ》ぐ、彼等《かれら》は既《すで》にその報《むくい》を得《え》たり。汝《なんじ》は断食するとき、頭《かしら》に油をぬり、顔《かお》を洗え。これ断食することの人に顕《あらわ》れずして、隠《かく》れたるに在《いま》す汝《なんじ》の父にあらわれん為《ため》なり。さらば隠れたるに見たまう汝《なんじ》の父は報《むく》い給《たま》わん。」

（「マタイ伝」第六章一六〜一八）

ここには断食の説明《せつめい》が書いてあります。普通《ふつう》断食と申《もう》しますと御飯《ごはん》やそのほか色々《いろいろ》の食《た》べ物《もの》を食べないことであると考えられておりますけれども、本《ほん》当《とう》の断食という事《こと》は物質《ぶっしつ》の食事《しょくじ》を摂《と》らないということであります。物質の食事を摂《と》らないということの根本的《こんぽんてき》のものは物質本来《ほんらい》なしということを知ることで、これこそ本当の物質の食事をとらない事《こと》であります。

この間《あいだ》大隈会館《おおくまかいかん》で公演《こうえん》しました「釈迦《しゃか》と維摩詰《ゆいまきつ》」の戯曲《ぎきょく》の中《なか》にも「食《しょく》は

面容　顔つき。表情

「食はこれ…」「釈迦と維摩詰」第二幕第二場「吠舎離国果樹園」において、釈迦の弟子の須菩提（しゅぼだい）が釈迦に問われて回想した維摩詰との問答

これ空《くう》なりや」と維摩詰《ゆいまきつ》が訊《き》いたということが書いてある。そして「空《くう》なり」と答えると、「空《くう》なれば、なぜ行乞《ぎょうこつ》するか」と反問《はんもん》している。そして「不食《ふじき》の食《しょく》」ということを説《と》いている。即《すなわ》ち食物《しょくもつ》が本来無《ほんらいむ》であるということが分《わか》ったら、はじめて「不食《ふじき》の食《しょく》」即《すなわ》ち断食《だんじき》の本当《ほんとう》の意味《いみ》が分《わか》るのであります。もし本当に「食《しょく》」を断《た》つということが本当に良《よ》いものであったならば、皆《みな》さんは飯《めし》も何《なに》も食《く》わないでいっそ餓死《がし》してしまったら好《よ》いということになるのであります。が、本当の「断食」というものは「本来物質《ほんらいぶっしつ》なし」と観《かん》じて食物《しょくもつ》を食べるといえども物質を食べていないと知って食べる。食べていながら物質を食べていないのです。つまり、食《しょく》を摂《と》るに際《さい》して、食物《しょくもつ》を観《み》るに物質とは観《み》ないで、神の生命《せいめい》がここに現《あらわ》れ、神の恩寵《おんちょう》がここに現《あらわ》れて物質の如《ごと》く見えているので、決《けっ》してそれは単《たん》なる物質ではないと観《み》るのです。物質本来空《くう》である。食物《しょくもつ》を食べながらも決して物質の食物《しょくもつ》を食べているのではない、神の生命《せいめい》を幸延《さきは》えられていると知るのが「断食」であり

行乞　鉢を持って各戸をまわり、米や金銭などの施しを受ける修行。托鉢

恩寵　恵み。慈悲

幸延える　わかち与える

ます。ですから、「断食《だんじき》」をするときに、形《かたち》に捉《とら》われて髪《かみ》の毛《け》に灰《はい》を掛《か》けたり、或《あるい》は顔《かお》を洗わずに如何《いか》にも憔悴《しょうすい》したような顔をして、私は唯今《ただいま》断食の苦行《くぎょう》を致《いた》しておりますというふうな、人《ひと》にその苦行をみせびらかすというような意味《いみ》で断食をするようなことでは本当《ほんとう》の断食ではない。本当の断食というものは「物質《ぶっしつ》の食《しょく》」を食《く》わないものであるという根本的《こんぽんてき》の真理《しんり》が解《わか》って、そして飯《めし》を食《く》うのがこれが本当の断食である。だから断食する時《とき》は頭《あたま》に油をぬり、顔を洗い生々《いきいき》とした顔をして、頭の髪《かみ》もツヤツヤさせて本当に元気《げんき》よくする、これが断食であります。本来《ほんらい》の断食は美味《おい》しい物《もの》を食べて生々《いきいき》と生きる、これが断食である。物質本来なしと知り、自分《じぶん》の食べているものは神《かみ》様《さま》の恵《めぐみ》である、仏様《ほとけさま》の恵《めぐみ》である、一《ひと》つとして物質ではないと知る、これが断食であります。唯食膳《ただしょくぜん》にあるものは生命《せいめい》のみであり、唯《ただ》神のみである。神の生かす力《ちから》のみであるということを知って、それを食べるのこそ、断食であります。尤《もっと》もここにイエスがいわれましたのは、その当時《とうじ》のパリサイ人《びと》の

憔悴　疲労や心労のためにやつれること。病気などでやせ衰えること

苦行《くぎょう》に対《たい》していわれたのでありますから、その点《てん》も考慮《こうりょ》して解釈《かいしゃく》しなければならないのは無論《むろん》であります。当時《とうじ》は「自分《じぶん》は信心深《しんじんぶか》い」といわれることを見せびらかす為《ため》に、「如何《いか》にも私は断食《だんじき》しております。このように私は信心深い者《もの》です」といわんばかりに、断食中《だんじきちゅう》は出来《でき》るだけ憔悴《しょうすい》したような恰好《かっこう》を衒《てら》っていたものであります。イエスはそれに対して、そんな苦しい有様《ありさま》を衒《てら》うのは、やっぱり虚栄心《きょえいしん》である、本当《ほんとう》の断食というものではないということを教《おし》えられたのであります。

断食も無一物《むいちもつ》も形《かたち》ではない

形式《けいしき》の断食に属《ぞく》するものは近代《きんだい》でいえば一燈園同人《いっとうえんどうじん》の筒袖《つつそで》のようなものであります。何《なに》も一燈園《いっとうえん》の筒袖の黒衣《こくい》が悪いというわけではありません。これは断食ではありませんが、衣《ころも》を断《た》つ方《ほう》に当《あた》る。一枚《まい》の衣のほかに何《なに》も有《も》たな

衒う　誇りに思ってひけらかす。誇示する

頭注版㉚二五八頁

無一物　何もないこと。何も持っていないこと

一燈園　明治三十八年に西田天香が京都に創立した修養団体。本全集第七巻「生命篇」下巻第十三章、第三十二巻「自伝篇」中巻等参照

筒袖　筒のような形の細い袖に仕立てた着物

同人　同じ趣味や志を持つ人

いのであります。無論《むろん》、断食《だんじき》でも衣《ころも》を質素《しっそ》にするのでも、決《けっ》して悪いことはありません。物質欲《ぶっしつよく》を少《すく》なくして、或《あ》る期間《きかん》、物質《ぶっしつ》に頼《たよ》らないでも生きられる体験《たいけん》をし、また、着物《きもの》の美しさを誇《ほこ》るような物質的外面《ぶっしつてきがいめん》の装《よそお》いの美《び》を衒《てら》うような生活《せいかつ》から離《はな》れて、自己内面《じこないめん》の実相《じっそう》の尊《とうと》さを静《しずか》に観《み》るために質素な着物を纏《まと》うのは好《よ》いことです。しかし、「これが托鉢《たくはつ》の衣服《いふく》である。私はこんなに汚《きたな》い着物を着ている。私はこんなに悪いのでございます」と謙遜《けんそん》していますと、穢《きたな》い着物や謙遜していることが自慢《じまん》になったりするのでは、謙遜だか慢《まん》心《しん》だかわけが判《わか》らないことになるのであります。美しい衣で外面《がいめん》を飾《かざ》ることも、醜《みにく》く見える衣で外面を飾ることも要《よう》するに虚飾《きょしょく》であります。ユダヤ人《じん》の如《ごと》くには頭《あたま》から灰《はい》をかぶらないけれども言葉に灰をかぶって、「私は悪い者《もの》でございます。私は悪い者でございます」とこう下座《げざ》から下座《げざ》からと行《ゆ》くようにしているのは、要《よう》するに言葉に灰をかぶったところの断食であります。「自分《じぶん》は下座《げざ》という一番《ばん》高い生活をしているのだ」と自負《じふ》しながら「私

慢心　おごり高ぶる心

下座　下位の人が着く座席。末座

自負　自分の才能や行いなどに自信と誇りを持つこと

が悪いのです」と口癖《くちぐせ》にいうことを行事《ぎょうじ》にしているような虚飾家《きょしょくか》も時《とき》にはあります。これは食物《しょくもつ》の断食《だんじき》ではないけれども、言葉の美《び》を減《へ》らして、「自《じ》分《ぶん》は悪い、悪い」と善《よ》い言葉の断食をしていることになっているのであります。

本当《ほんとう》の質素《しっそ》の意味《いみ》

人《ひと》に見られんがために、あの人はあんな質素な、奢《おご》らない着物《きもの》を着て、心得《こころえ》の好《よ》い人だと感心《かんしん》してもらうためにしているのでは、本当の質素ではないのであります。「物質本来無《ぶっしつほんらいな》い。ここに物質のように見えているのもその実《じつ》、神徳《しんとく》の現《あらわ》れである、人の愛と働《はたら》きとの現《あらわ》れである」と、本当にそのものの内面的価値《ないめんてきかち》の尊《とうと》さを知って、どんなものでも十二分《じゅうにぶん》にそのものの価値《かち》を生かして使おうとする。これが本当の質素であります。質素というのは物《もの》そ

頭注版㉚二六〇頁

のものの本当《ほんとう》の素《もと》である「生命《せいめい》」を生かすことであって、外面《がいめん》だけを見窄《みすぼら》しく飾《かざ》って、それを見せびらかすことではないのであります。そういう見窄《みすぼら》しさや断食《だんじき》の窶《やつ》れた姿《すがた》を以《もっ》て外面を飾るというふうなことでは、既《すで》にその報《むく》いを得《え》たのであります。そういう外面を飾らない陰徳《いんとく》であってこそ「隠《かく》れたるに在《いま》す汝《なんじ》の父に顕《あらわ》れんため」であり、また「隠れたるに見給《みたま》う汝《なんじ》の父は報い給《たま》う」のであります。

「隠れたるに在《いま》す汝《なんじ》の父」というのは我々《われわれ》の実相《じっそう》のことであります。神は自《じ》分《ぶん》の中《なか》にある。隠れたるに在《いま》す我々《われわれ》の実相はそんな外面の虚飾《きょしょく》によって報い給《たま》うということはない。「報い給《たま》わない」というのは、実相の豊富《ほうふ》な顕現《けんげん》を得《え》ないということであります。

陰徳　人に知られないところで、静かに積んだ善い行い

神と富《とみ》とに兼事《かねつか》え得《う》るか

○なんじら己《おの》がために財宝《たから》を地《ち》に積《つ》むな、ここは虫と錆《さび》とが損《そこな》い、盗人《ぬすびと》うがちて盗《ぬす》むなり。汝《なんじ》ら己《おの》がために財宝《たから》を天《てん》に積め、かしこは虫と錆《さび》とが損《そこな》わず、盗人《ぬすびと》うがちて盗まぬなり。汝《なんじ》の財宝《たから》のある所《ところ》には、汝《なんじ》の心もあるべし。身《み》の燈火《ともしび》は目なり。此《こ》の故《ゆえ》に汝《なんじ》の目ただしくば、全身《ぜんしん》あかるからん。然《さ》れど、汝《なんじ》の目あしくば、全身くらからん。もし汝《なんじ》の内《うち》の光《ひかり》、闇《やみ》ならば、その闇《やみ》いかばかりぞや。人《ひと》は二人《ふたり》の主《しゅ》に兼事《かねつか》うること能《あた》わず、或《あるい》は、これを憎《にく》み、かれを愛し、或《あるい》は、これに親《した》しみ、かれを軽《かろ》しむべければなり。汝《なんじ》ら神と富とに兼事《かねつか》うること能《あた》わず。

（「マタイ伝」第六章一九～二四）

頭注版㉚二六一頁

事える 目上の人のために尽くすこと。仕える

うがつ 穴をあける

ここには神と富《とみ》とには兼事《かねつか》うることが出来《でき》ないという宗教上《しゅうきょうじょう》の大問題《だいもんだい》が書いてあるわけであります。生長《せいちょう》の家《いえ》では「無限供給《むげんきょうきゅう》」と申《もう》しまして、一方《いっぽう》神に事《つか》えながら富にも兼事《かねつか》えることが自由自在《じゆうじざい》だと説《と》いてあります。他《た》の宗教《しゅうきょう》のように貧乏《びんぼう》にならなければ神様《かみさま》が喜《よろこ》び給《たま》わないとは説かないのです。ところがここには神と富とには兼事《かねつか》うる事《こと》は能《でき》ないと書いてある。それではこれをどうして生長の家と、キリスト教《きょう》とに於《おい》て調和《ちょうわ》せしめ得《う》るか、それを説明《せつめい》しなければならぬのであります。

「宝《たから》を天《てん》に積《つ》め」というのはどこへ積む事であるかと先《ま》ず考えます。聖書《せいしょ》を解《かい》する時《とき》には大抵《たいてい》「天」とは永遠《えいえん》の世界《せかい》(実相《じっそう》の世界)のことでありまして、それに相対《あいたい》して「地《ち》」と申《もう》します場合《ばあい》は、有限《ゆうげん》の世界(現象界《げんしょうかい》)のことを申します。「地」即《すなわ》ち現象世界《げんしょうせかい》に宝を積んでおいたってこれは要《よう》するに、虫と錆《さび》とが損《そこな》い盗人《ぬすびと》うがちて盗《ぬす》むのであります。ところが、実相の世界に於《おい》て神は一切《いっさい》を持《も》ち給《たま》うから、無限《むげん》の富者《ふうしゃ》であります。換言《かんげん》すれば、神と財宝《たから》とは一つのものであります。天《てん》に財宝《たから》を積《つ》むとは「神なる無限《むげん》の富者《ふうしゃ》」と一体《ひとつ》に繋《つな》がることであります。ところが、我々《われわれ》が財宝《たから》を「地《ち》」即《すなわ》ち現象世界《げんしょうせかい》に積んでも、現象世界は移《うつ》り易《かわ》るものでありますから、その富《とみ》も決《けっ》して永続《えいぞく》するものではないのであります。「現象《げんしょう》の世界《せかい》」というものを一面《めん》から考えますと、これは「物質《ぶっしつ》の世界」或《あるい》は「個我《こが》の世界」である。即《すなわ》ち自分《じぶん》と他人《たにん》とが分離《ぶんり》した世界であります。自分と他人とが区別《くべつ》された個々別々《ここべつべつ》の「分裂《ぶんれつ》せる世界」に富を積んでおくと、実相《じっそう》の無限供給《むげんきょうきゅう》というものが出て来ないことになるのであります。

「天に宝《たから》を積め」ということは「供給《きょうきゅう》を実相に仰《あお》げ」ということであります。実相は離《はな》れ離《ばな》れの世界ではありません。自他一体《じたいったい》の世界であります。神は「渾《すべ》ての渾《すべ》て」であります。渾《すべ》てでありますから、神の造《つく》り給《たま》える世界即《すなわ》ち実相の世界は自他一体の世界であります。自他一体の世界に富を積んでおいたら、盗人《ぬすびと》が金庫《きんこ》に孔《あな》をうがって盗《ぬす》むことは出来《でき》ない。どこにその富があ

個我　他者と区別された自我

るにしましても、自他一体《じたいったい》であるから、皆自分《みなじぶん》のものであって必要《ひつよう》のときには、どこからでも流入《りゅうにゅう》して来るのであります。よく生長《せいちょう》の家《いえ》で「生長の家の誌友《しゆう》は無限供給《むげんきょうきゅう》である」といいますと、そういう先生自身《せんせいじしん》からして何《なん》億万円《おくまんえん》の金《かね》を持っているわけじゃあるまいしやはり有限《ゆうげん》の富《とみ》しか持っていないじゃないか、とこういう疑問《ぎもん》を提出《ていしゅつ》される人《ひと》も時偶《ときたま》あるのであります。そういう疑問を出す人は、「無限供給」というものを「天《てん》」即《すなわ》ち「実相《じっそう》の世《せ》界《かい》」に蓄《たくわ》えてあるとは考えないで、「個我《こが》」の世界――盗人《ぬすびと》うがちて盗《ぬす》む世界に置《お》かなければ「無限供給」だと考えられない人です。「無限供給」ということは決《けっ》して個我《こが》の世界――現象《げんしょう》の世界――に積《つ》んでおくのではないのであります。現象世界《げんしょうせかい》(個我の世界)に積んでおいたものは皆《みな》有限であって「無限供給」というものはないのであります。又《また》この現象の我《が》、個人《こじん》の我《が》というものがあまりたくさん富を積んでおいたら却《かえ》って邪魔《じゃま》になる。仮《かり》に十万円《まんえん》私が持っているにしても、どうもこんな所に紙幣《さつ》が積んであっては邪魔《じゃま》に

十万円　現在の約二億～三億円に相当する

なるし、誰《たれ》か来てその紙幣《さつ》を持って行《ゆ》かれては困《こま》ると思って、色々心遣《いろいろこころづか》いをしなければなりません。それがまだまだ無限億万円《むげんおくまんえん》も個人《こじん》に持たされたら背負《せお》いきれない。どれだけ蔵《くら》をこしらえても蔵が足りないというふうになってしまう。それでは却《かえ》って保存《ほぞん》するのに困《こま》って、持っているその事《こと》が無限供給《むげんきょうきゅう》でなくなる。ですから、無限供給ということは個人の懐《ふところ》に無暗《むやみ》に持っていることではないのです。無限供給というのは要《い》るだけ出てくるということで、ちょうど大黒《だいこく》さまの持っておられる「打出《うちで》の小槌《こづち》」のように振《ふ》れば出てくる、振らねば出て来《こ》ぬというのが無限供給であります。「振る」というのは「振動《しんどう》」であります。コトバであります。働《はたら》きであります。祈《いの》りと働きによって要《い》るだけ出てくるのが神様《かみさま》の供給《きょうきゅう》であります。要《い》るだけ出てくるといって、遊んでおっては出て来るものではない。働き——即《すなわ》ち生命《せいめい》を生かすことと、正しきコトバの振動によって出て来るのであります。

大黒さま 七福神の一柱。食物・財福を司る神

使うほど殖《ふ》えるのは嘘《うそ》か

生長《せいちょう》の家《いえ》では「無駄《むだ》に積《つ》むな、使え使え、物《もの》は使う程《ほど》殖《ふ》える」と申《もう》します。こう申しますと、使えば殖《ふ》えるかと思って無暗《むやみ》に濫費《らんぴ》してしまって、「先生《せんせい》、使っても殖《ふ》えませぬ。先生の被仰《おっしゃ》ることは嘘《うそ》です」といった人《ひと》があった。紙幣《さつ》がきても皆無駄《みなむだ》に引破《ひきやぶ》って捨《す》ててしまうようなことをしていては、それは「使う」わけではありません。「使う」というのは生命《せいめい》を出すことです。身体《からだ》を使うというのは身体《からだ》の生命《せいめい》を出すことです。身体《からだ》を使うというのは破《やぶ》って棄《す》てることでも、火で焼《や》くことでも、ジッと倉庫《そうこ》に蔵《しま》っておくことでもありません。何《なに》かためになることに充分働《じゅうぶんはたら》かすことです。物を使えば殖《ふ》えるというのも、物を引き破って捨てたら殖《ふ》えるというのではない、有用《ゆうよう》に物の生命《せいめい》を生かして使えば殖《ふ》えるのであります。物の生命《せいめい》を有用に使

頭注版㉚二六四頁

使うほど殖える 本全集第十五巻「観行篇」下巻第五章参照

濫費 無計画に費やすこと。むだ遣い

うということは天《てん》に宝《たから》を積《つ》むことにもなります。物《もの》の生命《せいめい》を働《はたら》かすというのは、一《ひと》つの物が自分《じぶん》だけの生命《せいめい》を守らないで、自他一体《じたいったい》の世界《せかい》にその生命《せいめい》の働きを出すことです。そうすると、「一粒《ひとつぶ》の麦《むぎ》地に落ちて死なば多くの実《み》を結《むす》ぶ」事《こと》になるのです。一つの物の生命《せいめい》が、その「個《こ》」の殻《から》を破って生命《せいめい》を出し切ったとき、それは自他一体の世界(即《すなわ》ち天)に宝を積んだことになり、そこから無限供給《むげんきょうきゅう》がやって来るのです。使うということは「生命《せいめい》を出す」ということですから、折角《せっかく》こしらえてもらったものを無駄《むだ》に棚《たな》へ積んでおくことではありません。「無駄《むだ》」に二種《しゅ》あります。その一つは、その物の生命《せいめい》を百パーセント生かし切らない、使い切らないで捨《す》てることです。もう一つは、勿体《もったい》ないといって物を死蔵《しぞう》することです。すべて物はその内蔵《ないぞう》する生命《せいめい》を出してクルクル回転《かいてん》することによって生きて来るのです。世間《せけん》に往々《おうおう》ある節約家《せつやくか》で、「勿体《もったい》ない、勿体《もったい》ない」といって、その人《ひと》の処《ところ》に何《なに》を持って往《い》って上《あ》げても、皆《みな》棚に上げてしまって使わない人があります。(笑声《しょうせい》)例《たと》えば

「一粒の麦…」『新約聖書』「ヨハネ伝」第十二章にあるキリストの言葉

死蔵 物を活用しないでしまい込んでおくこと

内蔵 内部に持っていること

お菓子《かし》でも、折角上等《せっかくじょうとう》のお菓子を持って行《い》ってあげても、勿体《もったい》ない勿体《もったい》ないといって棚《たな》へ上《あ》げてしまう。そして食べようと思って出した時《とき》にはすっかり黴《かび》が生《は》えて腐《くさ》ってしまっているので仕方《しかた》なく捨《す》てるというようなかたが世《せ》間《けん》にあります。こういうふうなのは天《てん》に宝《たから》を積《つ》んだのではない、棚の上《うえ》に宝を積んだのです。「虫食《むしく》い錆腐《さびくさ》る世界《せかい》」に宝を積んだのであります。これでは折角造《せっかくつく》ってくれた人《ひと》の生命《せいめい》と愛とを生かすことにならないのです。何《なん》でも生かして使った時に循環《じゅんかん》してくるのであります。生長《せいちょう》の家《いえ》は循環経済《じゅんかんけいざい》であって循環する処《ところ》に無限供給《むげんきょうきゅう》があるというのです。

個我《こが》の殻《から》を破《わ》れ

頭注版㉚二六六頁

いくら人が生命《せいめい》を籠《こ》めて作ってくれても皆《みな》棚へ上《あ》げてしまって買手《かいて》がなかったら仕方《しかた》がないから製作《せいさく》を中止《ちゅうし》し、生命《せいめい》を働《はたら》かすことを止《や》めなければなりません。彫刻家《ちょうこくか》が彫刻《ちょうこく》をこしらえてくれても立派《りっぱ》だといって棚《たな》へ押込《おしこ》んでしまったらどうも仕方《しかた》がない。彫刻家が彫刻をこしらえてくれたら適当《てきとう》な所《ところ》に置いてそれを鑑賞《かんしょう》してくれる人《ひと》があってこそ、はじめて彫刻家が彫刻を造《つく》る意義《いぎ》があるのであります。吾々《われわれ》がこうして自他一体《じたいったい》の世界《せかい》に富《とみ》を積《つ》んでおきましたら、富は無限《むげん》に殖《ふ》えて決《けっ》して盗《ぬす》まれるということはないのであります。自分《じぶん》の家《いえ》の中《なか》に積んでおいたら盗人《ぬすびと》が家《いえ》の中《なか》に入《はい》って来《き》て盗むかも知れないけれども、自他一体の生命《せいめい》の流れの中《なか》に富を積んでおいたら決して盗まれることがないのです。そういうように心掛《こころが》けるならば大生命海《だいせいめいかい》の生命《せいめい》の供給《きょうきゅう》の流れは無尽蔵《むじんぞう》でありますから、要《い》るに従《したが》って無尽蔵に入《はい》ってくるということになるのであります。ですから、『生長《せいちょう》の家《いえ》』の誌友《しゅう》でこの境地《きょうち》に達《たっ》した人が、「何《なに》か欲《ほ》しい」と思ったら、誰《たれ》かが早速《さっそく》持って来て下《くだ》さったというような体験《たいけん》があるのも、こういう人は大生命海《だいせいめいかい》の無尽蔵の生命《せいめい》の流れに繋《つな》がっているからであります。要《よう》するに自他一体の神は「渾《すべ》ての渾《すべ》て」で

鑑賞　芸術作品などを味わうこと

無尽蔵　いくら取っても尽きないほど無限にあること

ありますから渾《すべ》ての供 給《きょうきゅう》が自他一体《じたいったい》の所《ところ》にのみ流《なが》れ入《い》って来るのでありま
す。だから聖典《せいてん》『生命の實相《せいめいのじっそう》』の巻頭《かんとう》に「汝《なんじ》ら天地一切《てんちいっさい》のものと和解《わかい》せよ」
とあるわけであります。天地一切のものと和解し、自他一体が完全《かんぜん》に行《おこな》われ
た所《ところ》に無限供 給《むげんきょうきゅう》の神の働《はたら》きが現《あらわ》れてくるのであります。無限供給は個我《こが》の
心の眼《め》を開《ひら》けば常《つね》にそこにありますのですけれども、広く自他一体の世界《せかい》を
見る心がなくて、「個我の殼《から》」の中《なか》にのみ立籠《たてこも》って自分《じぶん》の世界だけを狭《せま》く見
ている、自分の所有範囲《しょゆうはんい》の中《なか》だけのものを見て、それだけを自分のものだと
思っている――そういう近視《チカメ》の心でいるようなことでは本当《ほんとう》の天地《てんち》の恵《めぐ》みを
見ることが出来《でき》ない、ですからそういう近視《チカメ》の心では肉体《にくたい》も近眼《きんがん》になってく
るのであります。

広く実相《じっそう》を見て自他一体の世界、大生命《だいせいめい》の大きな流れというものをよくよ
く見ることが出来るようになったならば、この肉体の近眼もおのずから治《なお》っ
てくるのであります。

さればこそここに「身《み》の燈火《ともしび》は目なり。この故《ゆえ》に汝《なんじ》の目ただしくば、全身《ぜんしん》あかるからん」心の目が開《ひら》けたら肉体《にくたい》の目も開くのだ、汝《なんじ》の心の目が正しかったら全身が明るくなるのだとチャンとここに近眼《きんがん》の治《なお》る原理《げんり》が書かれてあるのであります。それだのに今迄《いままで》聖書《せいしょ》を読んでも近眼が治《なお》らなかったのは、聖書が悪いのではない、聖書に書いてある本当《ほんとう》の意味《いみ》が解《わか》らなかったのです。ところが近頃《ちかごろ》『生命《せいめい》の實相《じっそう》』と対照《たいしょう》してその本当の意味が解《わか》ったために、聖書を読んで近眼が治《なお》った人《ひと》が出て来ました。『生命《せいめい》の實相《じっそう》』を読んで続々《ぞくぞく》近眼が治《なお》っているのもこういうわけであります。

神と富《とみ》とに兼事《かねつか》うること能《あた》わず、人は二人《ふたり》の主《しゅ》に兼事《かねつか》うること能《あた》わずとありますが、かくの如《ごと》く神というものは自他一体《じたいったい》の世界《せかい》であるということを知り、そして富というものも結局《けっきょく》自他一体の世界にあるということを本当に知ったならば、「自他一体」は神であり、自他一体は無尽蔵《むじんぞう》でありますから、神と富とに兼事《かねつか》うることが出来《でき》るのであります。聖書に「神と富とに兼《かね》

対照　照らし合わせて比べること

事《つか》うること能《あた》わず」と説《と》いてあるのは、普通常識《ふつうじょうしき》では「富《とみ》」というものは個人《こじん》の自分名義《じぶんめいぎ》になっているものだけを富だといっているのですから、そういう自他一体《じたいったい》の世界《せかい》に置かない富というものに固執《こしゅう》する限《かぎ》りは「自他一体の神——渾《すべ》ての渾《すべ》てである神」と富とに決《けっ》して兼事《かねつか》うることは出来《でき》ないのであります。何故《なぜ》なら前者《ぜんしゃ》は自他離反《じたりはん》であり、後者《こうしゃ》は自他一体であるからであります。

固執　考えや意見を固く守って曲げないこと

離反　離れそむくこと

生命《いのち》の事《こと》を思《おも》い煩《わずら》うな

○この故《ゆえ》に我《われ》汝《なんじ》らに告《つ》ぐ、何《なに》を食《くら》い、何《なに》を飲まんと生命《いのち》のことを思い煩《わずら》い、何《なに》を着《き》んと体《からだ》のことを思い煩《わずら》うな。生命《いのち》は糧《かて》にまさり、体《からだ》は衣《ころも》に勝《まさ》るならずや。空の鳥を見よ、播《ま》かず、刈《か》らず、倉《くら》に収《おさ》めず、然《しか》るに汝《なんじ》らの天の父は、之《これ》を養《やしな》いたまう。汝《なんじ》らは之《これ》よりも遥《はるか》に優《すぐ》るる者《もの》ならずや。

頭注版㉚二六八頁

汝《なんじ》らの中《うち》たれか思《おも》い煩《わずら》いて身《み》の長《たけ》一尺《しゃく》を加え得《え》んや。

（「マタイ伝」第六章二五〜二七）

ここに生長《せいちょう》の家《いえ》の中心真理《ちゅうしんしんり》「何《なに》を食《くら》い、何《なに》を飲まんと生命《いのち》のことを思い煩《わずら》うな」ということがはっきりと書いてあります。

今迄《いままで》ここを解釈《かいしゃく》する人《ひと》は、概《おおむ》ね「何《なに》を食《くら》い、何《なに》を飲まん」というこの文《もん》句《く》を経済的《けいざいてき》の豊かさの分量《ぶんりょう》を示すかのように思っていられたらしいのであります。そして何《なに》を食《く》い何《なに》を飲まんと思い煩《わずら》うなとキリストがいったのは、貧《まず》しきルンペン達《たち》の不平《ふへい》を鎮《しず》めるために「食事《しょくじ》のことなんかどうでも好《い》いのだから嫉妬心《しっとしん》を起《おこ》して争《あらそ》うな。人間《にんげん》は何《なに》を食《く》ったたって要《よう》するに生きられるのだから」と軽い意味《いみ》で下層階級《かそうかいきゅう》の人たちに諭《さと》されたのだろうと思われておったのであります。ところが、生長《せいちょう》の家《いえ》はこの教《おし》えをむしろ上層階級《じょうそうかいきゅう》に必《ひつ》要《よう》な教えだと解《かい》したのであります。というのは、吾々《われわれ》はこれを単《たん》なる物質《ぶっしつ》の

たれか〜得んや 誰が〜できようか。いや、誰もできない
一尺 尺貫法の長さの単位。約三〇・三センチメートル

ルンペン lumpen ドイツ語。収入がなく、ぼろをまとってうろつき歩く者。浮浪者

量《りょう》とか、贅沢《ぜいたく》さのことには考えないで、栄養学上《えいようがくじょう》の質《しつ》のことだとも解釈《かいしゃく》するのであります。ヴィタミンがどうであるの、カロリーがどうであるの、蛋白質《たんぱくしつ》が何《なん》グラムあるの、脂肪《しぼう》が何《なん》グラムあるの、澱粉《でんぷん》が何《なん》グラムあるの、そういうような食物《しょくもつ》の品質《ひんしつ》のことを思《おも》い煩《わずら》うな、そんなことを思い煩《わずら》ったところが寸陰《すんいん》も生命《せいめい》を延《の》ばすことは出来《でき》ないぞと解釈したのであります。病人達《びょうにんたち》が最《もっと》も苦しむのは、何《なに》を食《く》い何《なに》を飲まんと思うことであります。この思い煩《わずら》いがなくなったら、病人《びょうにん》の心の重荷《おもに》はどれだけ軽減《けいげん》されるかも知れません。あれを食べたら栄養《えいよう》があるとか、この病気《びょうき》にはこういうものを食べなければいけないとか、肺病《はいびょう》になるとカロリーがよけい消耗《しょうこう》するから栄養食品《えいようしょくひん》を食べなければならないのに、久《ひさ》しく患《わずら》ってもうそれを買うべき金《かね》がないとか、こういうことを考えて餓鬼《がき》が食物《しょくもつ》に執着《しゅうじゃく》するかのように栄養栄養と一所懸命《いっしょけんめい》に心を労《ろう》する、その為《ため》に折角今迄《せっかくいままで》相当《そうとう》あった家財《かざい》も蕩尽《とうじん》してしまう。肺病などになると特《とく》にそれが激《はげ》しいので、肺病は財産《ざいさん》を食《く》う病気であるとさ

寸陰　ごくわずかな時間

肺病　肺の病気。特に不治の病とされた肺結核を指す

消耗　体力や気力が使い果たされたさま。「しょうもう」とも読む

餓鬼　仏教語。六道の一つで、亡者（もうじゃ）が前世の業によって飢えと渇きに苦しむ世界である餓鬼道にいる者

蕩尽　財産などを使い果たすこと

え考えられています。三、四年《ねん》も肺病《はいびょう》を患《わずら》っていると、かなりな財産家《ざいさんか》でも素寒貧《すかんぴん》になってしまいます。病気《びょうき》は治《なお》らぬし、療養費《りょうようひ》はなくなる。栄養品《えいようひん》を買うことは出来《でき》ない。病人《びょうにん》は板挟《いたばさ》みの痛苦《つうく》のどん底《ぞこ》に押《お》しつめられて四《し》苦八苦《くはっく》する。この思《おも》い煩《わずら》いがなくなったら、病人は心の悩《なや》みがどれだけ救《すく》われるか知れないのであります。心の悩みが救われたら身体《からだ》の方《ほう》も楽《らく》になって健康《けんこう》が回復《かいふく》して来易《きやす》いのは当然《とうぜん》のことであります。だから医者《いしゃ》は、病気だけを診察《しんさつ》しないで病人の懐具合《ふところぐあい》も診察して、その心の安まるような食物《しょくもつ》を処《しょ》方《ほう》してやる深切《しんせつ》がなければならないのであります。ところがここにどう書いてあるかというと、「汝《なんじ》ら何《なに》を食《くら》い、何《なに》を飲まんと生命《いのち》のことを思《おも》い煩《わずら》い、何《なに》を着《き》んと体《からだ》のことを思《おも》い煩《わずら》うな。生命《いのち》は糧《かて》に勝《まさ》り、体《からだ》は衣《ころも》に勝《まさ》るならずや。空の鳥を見よ、播《ま》かず、刈《か》らず、倉《くら》に収《おさ》めず、然《しか》るに汝《なんじ》らの天の父は之《これ》を養《やしな》いたまう。汝《なんじ》らは之《これ》よりも遥《はるか》に優《すぐ》るる者《もの》ならずや。汝《なんじ》らの中《うち》たれか思い煩《わずら》いて身《み》の長《たけ》一尺《しゃく》を加《くわ》え得《え》んや」とキリストの処方箋《しょほうせん》は中々徹底《なかなかてってい》しているの

素寒貧　貧しくて何も持たないこと。無一文

処方箋　医師が患者に投与する薬について記載して薬剤師に渡す文書

であります。いくら心配《しんぱい》したってこの心配の力《ちから》で身《み》の長《たけ》一尺伸《の》びるか、伸びはすまい？ といっていられる。この身長《みのたけ》という原語《げんご》は「生命《せいめい》」とも解釈《かいしゃく》出来《でき》る言葉が使ってあるのだそうであり、そして、一尺は寸陰《すんいん》という意味に解釈出来る原語が使ってあるのだそうであります。それで、旧訳《きゅうやく》の聖書《せいしょ》には「命寸陰《いのちすんいん》をも伸《の》べ得《え》んや」と日本訳《にっぽんやく》してありました。要《よう》するに、いくらあれを食べなければいかん、これを食べなければいかん、そう思《おも》い煩《わずら》ったところが我々《われわれ》の寿命《じゅみょう》が一寸《ちょっと》も伸びるわけでないと、キリストははっきりと宣《せん》言《げん》していられるのであります。

かくイエスがはっきりと、何《なに》を飲み、何を食《く》おうと思《おも》い煩《わずら》うな、そんなことで寿命は伸びるものでないと断然《だんぜん》いっておられるにも拘《かかわ》らず、世《よ》のクリスチャンといわれる人《ひと》がこの通《とお》りに実行《じっこう》しないで、病気《びょうき》になったら何《なに》を食《く》おうか、何《なに》を飲もうか、と思《おも》い煩《わずら》っているのは本当《ほんとう》のキリスト教徒《きょうと》といえましょうか。中《なか》には医者《いしゃ》にかかりながらも、医者はこの薬《くすり》をくれるけれどもこんな

旧訳の聖書 幕末から明治期にかけて複数種の聖書の和訳本が出版された。上記の訳文の他にも、ヘボン訳「いのち尺寸もよくのぶることをえんや」、正教会訳「身の長(たけ)一尺だに延ぶるを得ん」等、「生命」と「身長」との二通りの解釈がある

クリスチャン キリスト教信者

薬《くすり》で効《き》くかしらなどと医者《いしゃ》にも委《まか》せ切《き》らないで思《おも》い煩《わずら》っているのは如何《いか》にも愚《おろ》かの極《きわ》みであります。

野《の》の百合《ゆり》の装《よそお》いはソロモンの栄華《えいが》に優《まさ》る

○又何故《またなにゆえ》衣《ころも》のことを思《おも》い煩《わずら》うや。野の百合《ゆり》は如何《いか》にして育つかを思え、労《ろう》せず、紡《つむ》がざるなり。然《さ》れど我《われ》なんじらに告《つ》ぐ、栄華《えいが》を極《きわ》めたるソロモンだに、その服装《よそおい》この花の一《ひと》つにも及《し》かざりき。

（「マタイ伝」第六章二八～二九）

ソロモン王の栄華《えいが》というのは史上有名《しじょうゆうめい》なものになっているのであります。よほど贅沢《ぜいたく》をされたそうでありまして、食器《しょっき》なども銀器《ぎんき》などではまだ贅《ぜい》沢《たく》が足らんというので総《すべ》て黄金《おうごん》の器《うつわ》に食物《しょくもつ》を盛《も》られたと伝えられておりま

頭注版㉚二七一頁

ソロモンの栄華　ソロモンは『旧約聖書』の「列王記」に記された古代イスラエル三代目の王。通商で巨万の富を築き、荘厳な宮廷を造営して「ソロモンの栄華」と謳われた

及かざりき　およばなかった

す。それだけ贅沢栄華《ぜいたくえいが》をしつくされたそのソロモン王の黄金《おうごん》の食器《しょっき》の彫刻《ちょうこく》も、生きた百合《ゆり》の花の自然《しぜん》の美しい装《よそお》いに比べると比較《ひかく》にならないほど貧《まず》しいのであります。ですから王宮《おうきゅう》のような邸宅《ていたく》で華美《かび》な家具調度品《かぐちょうどひん》などに取《と》捲《ま》かれている富豪《ふごう》よりも野の花に取捲《とりま》かれている農夫《のうふ》の方《ほう》が贅沢《ぜいたく》ともいえるのであります。それだのに、農家《のうか》は富豪を羨《うらや》ましいと思う、富豪は農家を羨《うらや》ましいと思って、庭園《ていえん》に農家の真似《まね》をして花園《かえん》を造《つく》ったりしています。誰《たれ》でも人《ひと》のもてるものを羨《うらや》ましがって、自分《じぶん》の今持《いま》っているものの価値《かち》を忘《わす》れ易《やす》いのですが、そんなことでは人間《にんげん》は決《けっ》して幸福《こうふく》にはなれないのであります。人間は本当《ほんとう》に幸福な者《もの》となるためには、今《いま》与えられたる環境事物《かんきょうじぶつ》すべてについて、それに内在《ないざい》する実相《じっそう》、生命《せいめい》、価値、意義《いぎ》を見出《みいだ》して喜《よろこ》ぶようにならなければならないのです。

　イエスのいわれていることは形《かたち》の貧富《ひんぷ》をいっているのではない、実相を観《み》、実相の生命《せいめい》を説《と》いていられるのであります。百合《ゆり》の花を見ても、一木一《いちぼくいっ》

調度品　日常使う道具や家具

草《そう》を見ても、それに内在《ないざい》する生命価値《せいめいかち》を見出《みいだ》したとき、そこに無限無尽《むげんむじん》の価《か》値《ち》と歓喜《かんき》とが見出《みいだ》されるのであります。この百合《ゆり》の花の生きている生命《せいめい》の装《よそお》いというものは、物質《ぶっしつ》に捉《とら》われたような栄華《えいが》の装いの及《およ》ぶところではない。これを見られたイエス程《ほど》の生命主義者《せいめいしゅぎしゃ》は古来《こらい》からないのであります。実相《じっそう》の生命《せいめい》ばかりをみて総《すべ》てを説《と》いておられるのでありますから、表面《ひょうめん》から語句《ごく》を解《かい》してゆくと時々躓《ときどきつまず》くのであります。

無尽　尽きることのないこと。限りがないこと

今《いま》を生きて明日《あす》を思《おも》い煩《わずら》うな

○今日《きょう》ありて明日《あす》、炉《ろ》に投げ入れらるる野《の》の草をも、神はかく装《よそお》い給《たま》えば、まして汝《なんじ》らをや、ああ信仰《しんこう》うすき者《もの》よ。さらば何《なに》を食《くら》い、何《なに》を飲み、何《なに》を著《き》んとて思《おも》い煩《わずら》うな……天の父は凡《すべ》てこれらの物《もの》の汝《なんじ》らに必要《ひつよう》なるを知《し》り給《たま》うなり。（「マタイ伝」第六章三〇～三二）

頭注版㉚二七三頁

小《ちい》さなる野辺《のべ》の小草《おぐさ》にもよく見ますれば神の不思議《ふしぎ》な装《よそお》いの奇《く》しくも美しいことを見出《みいだ》すことが出来《でき》るのであります。胡麻粒《ごまつぶ》のような小さな「名《な》なし草《ぐさ》」にも人間知《にんげんち》で謀《はか》り得《え》ない構造《こうぞう》や守護《しゅご》がされているのであります。ですからどんなに粗《まず》しい姿《すがた》をしていましても、その生命《せいめい》の実相《ほんとのすがた》の装いという物《もの》を見ましたならば決《けっ》して我々《われわれ》はそれについて軽蔑《けいべつ》することも思《おも》い煩《わずら》うことも要《い》らないのです。そのままで野辺《のべ》の名無《なな》し草《ぐさ》にすらも合掌《がっしょう》され、他人《たにん》は勿論《もちろん》のこと、自分自身《じぶんじしん》もそのままで拝《おが》まれるようになるのであります。生長《せいちょう》の家《いえ》ではこの「形《かたち》」の世界《せかい》は「本来《ほんらい》ない」ものであると申《もう》しますが、「物質《ぶっしつ》本来無《な》し」ということは、物質を無価値《むかち》に説《と》いたり、軽蔑したりする種類《しゅるい》の道徳家《どうとくか》や宗教家《しゅうきょうか》の説《と》き方《かた》とは又異《またちが》うのであります。道徳家が、質素《しっそ》な着物《きもの》だから富《と》める贅沢《ぜいたく》な美しい衣《ころも》よりも貴《とうと》いというように説くと致《いた》しますと、これはやはり物質に捉《とら》われているのであります。貧しい汚《きたな》い方《ほう》が、綺麗《きれい》なもの

奇しくも　不思議にも。偶然にも。

より貴《とうと》いと比較《ひかく》していう場合《ばあい》には、もうそれは絶対実相《ぜったいじっそう》の貴《とうと》さを説《と》いていないのでありまして、小さい草花《くさばな》の方《ほう》が大きい草花よりも貴いというように相《そう》対《たい》の比較的世界《ひかくてきせかい》へ落ちて来ているのです。相対の比較的世界に落ちて来る位《くらい》ならば、断食《だんじき》して頭《あたま》から灰《はい》をかぶって憔悴《しょうすい》した様子《ようす》をしている方《ほう》がツヤツヤした顔《かお》をしているよりも貴いというような捻《ひ》ねくれた考えを持たない、立《りっ》派《ぱ》なものを立派だとし美しいものを美しいとする方《ほう》がいくら素直《すなお》であるか知れないのであります。ですからそういうふうな偏寄《かたよ》った観方《みかた》をしないで、もゝゝのに内在《ないざい》する生命《せいめい》の実相《とうとさ》を観《み》、「物質本来《ぶっしつほんらい》ない」という悟《さとり》によって形《かたち》の大小《だいしょう》美醜《びしゅう》に捉《とらわ》れないで、すべてのものを神の生命《せいめい》の顕現《けんげん》、仏《ほとけ》の生命《せいめい》の顕現であると拝《おが》む、これが生長《せいちょう》の家《いえ》の生《い》き方《かた》であって「物質無し」に徹底《てってい》した生き方なのであります。ここに華美《かび》を極《きわ》めたる衣服《いふく》と、質素《しっそ》を極めたる衣服とを比《ひ》較対照《かくたいしょう》してみて、どちらを採《と》るかといわれた場合《ばあい》にその質素を極めたる衣服の方《ほう》が価値《かち》があると観《み》て、その方《ほう》を選《えら》ぶ場合は又《また》その人《ひと》がまだ物質の存在《そんざい》を見、物質《ぶっしつ》の差別《さべつ》によって、ものの価値《かち》の優劣《ゆうれつ》をきめているという事《こと》になります。それはまだ物質を全然無価値《ぜんぜんむかち》として見ていないのであります。ところが生長《せいちょう》の家《いえ》のように物質本来《ほんらい》ないとその存在《そんざい》を横《よこ》に截《き》ってしまった場合《ばあい》には、物質による外観《がいかん》による価値批判《かちひはん》は根本《こんぽん》から覆《くつがえ》されてしまう。そしてその時《とき》に本当《ほんとう》の生命《せいめい》それ自身《じしん》――即《すなわ》ち実相《じっそう》の価値のみを観《み》るようになり、貧《まず》しい衣服《いふく》も華《はな》やかな衣服も平等《びょうどう》に尊《とうと》ばれて、どういう装《よそお》いの方《ほう》が尊い、どういう装いの方《ほう》が悪いというふうな捉《とら》われがなくなってしまう。「何故《なにゆえ》に衣《ころも》のことを思《おも》い煩《わずら》うや、野《の》の百合《ゆり》は如何《いか》にして育つかを思え、労《ろう》せず紡《つむ》がざるなり。」こうイエスがいっておられる。衣《ころも》のことについて思い煩《わずら》うなとありますのに、贅沢《ぜいたく》よりも質素《しっそ》な方《ほう》が良《よ》いと、こういうのもやはり思い煩《わずら》うのであります。私の一燈園式生活時代《いっとうえんしきせいかつじだい》がそうでした。世間《せけん》とは反対《はんたい》でありますが、神を畏《おそ》れみずからを卑《いや》しめて思い煩《わずら》うていたのであります。あんな華美《かび》な着《き》物《もの》を着たら神様《かみさま》から叱《しか》られやしないか、貧乏人《びんぼうにん》を搾取《さくしゅ》していることになりは

搾取　生産者の労働の成果を取り上げること。しぼり取ること

しないか、こういうふうに思《おも》い煩《わずら》うたり、こうして質素《しっそ》なふうをしていると神が嘉《よみ》し給《たま》うであろう、他《ひと》があの青年《せいねん》は感心《かんしん》な人《ひと》だと褒《ほ》めてくれるだろう、こういう具合《ぐあい》に思い煩《わずら》うたのであります。しかしこれもやはり真理《ほんとう》ではなかったのであります。今《いま》では幸《さいわい》に私は実相《じっそう》を把《つか》んだ。物質本来《ぶっしつほんらい》ないと悟《さと》った。ただ神徳仏徳《しんとくぶっとく》の中《なか》に生かされていると解《わか》った。それですから衣食《いしょく》の事《こと》についていて、もうちっとも思い煩《わずら》わない。良《よ》い着物《きもの》でも、あなたどうぞ着て下《くだ》さいといって持ってきてくれる人《ひと》があったら、「有難《ありがと》うございます」とよろこんで、その人の愛を受け、又《また》その着物を造《つく》って下《くだ》さった工場《こうじょう》の職工《しょっこう》さんや女工《じょこう》さん達《たち》の生命《せいめい》の力《ちから》、愛の力、働《はたら》きの力というものに合掌《がっしょう》して、それを頂《いただ》くことが出来《でき》るようになったのです。そうすると却《かえ》って工場で働く職工さんや女工さんたちの収入《しゅうにゅう》も殖《ふ》えることになる。今迄《いままで》、立派《りっぱ》な着物を着たら、貧《まず》しい労働者《ろうどうしゃ》を搾取《さくしゅ》するような気がして気が引けたが、今はもう気が引けなくなった。こんな立派な着物を着たら、あんなに人から先生《せんせい》と崇《あが》められ

神徳仏徳　神や仏が備えている功徳や恵み

職工　職人。工員

ている者《もの》が贅沢《ぜいたく》しているといって批難攻撃《ひなんこうげき》されやしないかと思《おも》い煩《わずら》うこともなくなったのであります。木綿《もめん》の着物《きもの》も結構《けっこう》でありますし、ピカピカ光った絹《きぬ》の着物も結構であります。要《よう》するに、自分《じぶん》に与えられたもの供給《きょうきゅう》されたものを素直《すなお》に神から出て来たものだと思って、喜《よろこ》んで衣服《いふく》ならば着《き》、食物《しょくもつ》ならば食べれば良《よ》いのであります。

神様《かみさま》というものは決《けっ》して我々《われわれ》が何《なに》を下《くだ》さい、どうぞ与えて下さいと祈《いの》らなければ、あいつにはこれが要《い》るかどうだか分《わか》らないというような智慧《ちえ》のないものだとは「生長《せいちょう》の家《いえ》」では考えないのであります。他《よそ》の宗教《しゅうきょう》では頼《たの》まないと救《すく》わぬとか——それもお賽銭《さいせん》や献金《けんきん》を支払《しはら》って頼まなければ救わぬというように教《おしえ》に書いたり説《と》いたりして良民《りょうみん》を脅喝《きょうかつ》しているのがありますが、生長の家ではそうは申《もう》しませぬ。神は全智《ぜんち》であるから、総《すべ》ての者《もの》にとって要《い》るものは知っておられる、知ると同時《どうじ》に既《すで》に与えておられるのでありますます。神様が宇宙《うちゅう》を治《おさ》められるという場合《ばあい》には、「知ろしめす」という言葉

良民　善良でまじめな国民
脅喝　おどしつけること
知ろしめす　お治めになる。知っていらっしゃる。原義は天皇陛下に対する敬語

を用《もち》いるのが適当《てきとう》でありますが、それは神様《かみさま》は大宇宙《だいうちゅう》に遍満《へんまん》する智慧《ちえ》と愛と生命《せいめい》とその他一切万徳具足《たいっさいばんとくぐそく》せる大生命《だいせいめい》そのものでありますから、人間《にんげん》に何《なに》が要《い》るかということを一切に行《ゆ》き亙《わた》ってチャンと知っておられる。これが知ろしめすということである。仏教的言葉《ぶっきょうてきことば》で言えば無上正遍智《むじょうしょうへんち》であらせられる、無上《むじょう》の正しい遍満の智慧《ちえ》なのであります。吾々《われわれ》の内部《ないぶ》の智慧《ちえ》が全身《ぜんしん》のどこに何《なに》が起《おこ》っているか悉《ことごと》く知って、それに対《たい》する適当《てきとう》な処置《しょち》をしていて、一個《こ》の細胞《さいぼう》だに忘れられないで一《ひと》つの智慧《ちえ》の統制《とうせい》の下《もと》に活動《かつどう》しているのと同じ事《こと》なのであります。もし吾々《われわれ》の身体《からだ》に異状《いじょう》があれば、その内部《ないぶ》の智慧が悪いのではない、その内部の智慧を蔽《おお》い隠《かく》すところの「迷《まよい》」が悪いのであります。神様は全智《ぜんち》であり無上正遍智《むじょうしょうへんち》でありますから、ウンと大声《おおごえ》で呶鳴《どな》ってやらなくては吾々《われわれ》の要求《ようきゅう》するところが分《わか》らないと思うのは神の神聖《しんせい》に対する冒瀆《ぼうとく》であります。西《にし》の宮《みや》の恵比須様《えびすさま》に詣《まい》りますと、恵比須《えびす》さんは聾《つんぼ》で聞《きこ》えないというので正月十日《しょうがつとおか》に大きな木槌《きづち》をもって行《い》って社《やしろ》の扉《とびら》をゴンゴン擲《なぐ》

具足　不足なく充分に備わっていること

無上正遍智　仏の最上の悟り

統制　一つにまとめておさめること

冒瀆　神聖なものをけがしたり、おとしめたりすること

西の宮の恵比須様　兵庫県西宮市にある西宮神社。全国のえびす神社の総本社。恵比須様は福の神として崇敬されている七福神の一柱

って、私にはこういうものが欲《ほ》しいのですと呶鳴《どな》るとそれを与えて下《くだ》さるというそうでありますが、それは木槌《きづち》を売りたい商売人《しょうばいにん》が拵《こしら》えた迷信《めいしん》です。聖書《せいしょ》の中《なか》に、イエスが境内《けいだい》にて鴿《はと》を売るもの羊《ひつじ》を売る者《もの》、両替《りょうがえ》する者を逐《お》い出《だ》された記録《きろく》がありますが、これは神様《かみさま》は鴿《はと》や羊の犠牲《ぎせい》を貰《もら》わなくては人《にん》間《げん》の要求《ようきゅう》を肯《き》いてやらないというような、そんな賄賂《わいろ》などで動かされ給《たま》うものでないことをイエスが示《しめ》し給《たま》うたのです。本当《ほんとう》の神様は、そういうふうに聾《つんぼ》でもなければ、賄賂取《わいろと》りでもない。大声《おおごえ》で教会《きょうかい》へ行《い》って呶鳴《どな》らなければ聞《きこ》えないというようなそんな聾《つんぼ》の神様では役《やく》に立たない。何《なに》か交換条件《こうかんじょうけん》がなければ救《すく》わないというようでは、無条件《むじょうけん》の救《すくい》とはいえない。我々《われわれ》は無条件の救《すくい》というものを求めるのです。既《すで》に吾々《われわれ》は始《はじ》めから無条件に全《すべ》てを与えられているのです。それを素直《すなお》に受取《うけと》らないからいけないのであります。その受取《うけと》らないというのは疑《うたが》ったり色々思《いろいろおも》い煩《わずら》ったりするその迷《まよい》が邪魔《じゃま》になってこちらが勝手《かって》に取らないのです。すっかり素直な心になって、すべてを

与えられるままに受取《うけと》れば、皆欲《みなほ》しいものは出てくるということになるのでありました。だからイエスは、

○まず神の国《くに》と神の義《ぎ》とを求めよ、然《さ》らば凡《すべ》てこれらの物《もの》は汝《なんじ》らに加えらるべし。この故《ゆえ》に明日《あす》のことを思《おも》い煩《わずら》うな、明日《あす》は明日《あす》みずから思い煩《わずら》わん。一日《にち》の苦労《くろう》は一日にて足れり。(「マタイ伝」第六章三三～三四)

といわれたのであります。「先《ま》ず神の国と神の義《ぎ》とを求めよ、然《さ》らば凡《すべ》てこれらの物は汝《なんじ》らに加えらるべし」とあるのに注意《ちゅうい》しなければなりません。「まず神の国を」であります。神の国というのは実相《じっそう》の国であります。そのままで既《すで》に与えられている世界《せかい》を吾々《われわれ》は把握《はあく》しなければならないのです。「神の義《ぎ》」というのは愛と義《ぎ》と対立《たいりつ》して、愛は赦《ゆる》しであるが、義《ぎ》は審判《しんぱん》であるというような義《ぎ》ではありません。賽銭《さいせん》を納《おさ》める者《もの》にも賽銭《さいせん》を出さぬ者に

も、平等一様《びょうどういちよう》に始《はじ》めから全《すべ》てを与えられているその恵《めぐ》みの偏《かたよ》らない義《ただ》しき実相《じっそう》です。この義《ただ》しき恵みの実相を悟《さと》りさえすれば、なくてならぬものは自《し》然《ぜん》と出てくるという意味《いみ》が――「汝《なんじ》らに加えらるべし」という言葉の中《なか》に表《あらわ》れているのです。これから与えられるのではなく、既《すで》に与えられているものが、現象界《げんしょうかい》にその時《とき》はじめて加えられるのであります。ですから吾々《われわれ》は賽《さい》銭《せん》や献金《けんきん》や賄賂《わいろ》を出さなくても既《すで》に与えられている神の国《くに》の真実相《しんじっそう》、神の国の実相の有様《ありさま》、もう一《ひと》つ言《い》い換《か》えれば生命《せいめい》の実相を把握《はあく》すれば、既《すで》に与えられている一切《いっさい》のよきものが必要《ひつよう》に応《おう》じて出てくると「生長《せいちょう》の家《いえ》」では主張《しゅちょう》するのであります。だから「生長の家」は既成宗教側《きせいしゅうきょうがわ》から邪教異端《じゃきょういたん》だといって攻撃《こうげき》せられるのであります。何故《なぜ》なら、既成宗教団体《きせいしゅうきょうだんたい》は何《なん》らかの形《かたち》で賽銭《さいせん》や献金や賄賂《わいろ》を出さなければ救《すく》われない、極楽詣《ごくらくまい》りが出来《でき》ない、御利《ごり》益《やく》が頂《いただ》けないと説《と》いて来《き》ていましたから、そんな賽銭《さいせん》や献金や賄賂《わいろ》を出さなくとも救われるという宗教《しゅうきょう》の出現《しゅつげん》したという事《こと》は彼《かれ》らにとっての一大脅威《いちだいきょうい》

既成宗教　古くから信仰されている宗教。伝統的な仏教やキリスト教などを指す

邪教　よこしまな教え。世に害毒を流す教え。多くはその宗教に反対する立場の人が用いる

異端　その時代や社会で正統とされるものから外れていること。また、その説

であるからです。それはとにかく吾々《われわれ》は実相《じっそう》に於《おい》ては既《すで》に全《すべ》てが与えられているのでありますから、明日《あす》これが要《い》るから、明後日《あさって》これが要《い》るからと、未来《みらい》の事々物々《じじぶつぶつ》について思《おも》い煩《わずら》う必要《ひつよう》は決《けっ》してないのであります。実相の世界《せかい》に於《おい》ては、すべてのものは既《すで》に、業《すで》に与えられているのだという大自覚《だいじかく》を得《え》たならば、現象世界《げんしょうせかい》は実相世界《じっそうせかい》の映《うつ》しの世界でありますから心のレンズさえ曇《くも》っていなければ必要に従《したが》って実相世界の一切《いっさい》の善《よ》き事々物々《じじぶつぶつ》が吾《われ》らの上《うえ》に加えられるのであります。ですから吾々《われわれ》は、その日働《ひはたら》けば好《よ》いのであります。「一日《にち》の苦労《くろう》は一日にて足れり」であります。「一日の苦労」といっても、別《べつ》に苦労しなければいけないというのではないのであります。一日の働きは、一日その日を充分《じゅうぶん》働き切れば、次の日の幸福《こうふく》は自《おのず》から展開《てんかい》して来るのであります。多くの人々《ひとびと》は取越苦労《とりこしくろう》をする為《ため》に色々生命《いろいろせいめい》を擂《す》り減《へ》らして寿命《じゅみょう》を縮《ちぢ》めて病気《びょうき》にもなったりしているのであります。ところが、今日《きょう》一日だけを充分《じゅうぶん》生き切るようにしていたならば心配《しんぱい》は要《い》らないのです。だ

業に　すでに。もはや

から「生長《せいちょう》の家《いえ》」では「今《いま》を生きよ」という。「今」を本当《ほんとう》に生き切らなければ人《ひと》は本当に永遠《えいえん》に生きることが出来《でき》ないのであります。生きると申《もう》しますが、我々《われわれ》は生きるということは今の他《ほか》に生きる時《とき》は一《ひと》つもないのでありますす。過去《かこ》にあなたは充分《じゅうぶん》生きて来たといったところが、過去に於《お》いて生きたというその時はいつ生きたかというとその当時《とうじ》に於《お》いて今を充分《じゅうぶん》生きたのであって、その「今」の連続《れんぞく》が持続《じぞく》して吾々《われわれ》の生活《せいかつ》は成立《なりた》っているのであります。ですから、「今」生きなければ生きる時は一つもないのでありまます。「今日一日主義《こんにちいちにちしゅぎ》」というのを唱《とな》えた人もありましたが、「今日《こんにち》」のどの時間《じかん》を生きるかと申《もう》しますと「今」生きるのであります。「これは善《よ》いことだけれども明日《あす》にしよう」などと考えているような人は、とても成功《せいこう》の覚束《おぼつか》ない人であります。「生長《せいちょう》の家《いえ》」へ来て病気《びょうき》が癒《なお》りたいという人でも、この「今」の生活《せいかつ》を捉《とら》えない人はなかなか治《なお》らないのであります。例《たと》えていいますと、「夫婦和解《ふうふわかい》せよ、病気は治《なお》る」と教《おし》えられましても、私の方《ほう》から和解を申出《もうしい》でるのはきまりが悪いから、向《む》うから和解《わかい》してくるまで黙《だま》っていようと一日《にち》延《の》ばしに延《の》ばしているような人《ひと》がある。こういう人は「今《いま》」を捉《とら》えていないのです。明日《あす》か、明後日《あさって》か、その次の日かを期待《きたい》している人は永遠《えいえん》に機会《きかい》を摑《つか》むことの出来《でき》ない人です。事業《じぎょう》をするにしても「今」思い立ったらすぐする。「今」思い立った時《とき》に、素直《すなお》にこれは神が与《あた》え給《たま》うたことであるとして直《ただち》に実行《じっこう》に移《うつ》り得《う》る人は心の柔軟性《じゅうなんせい》を保《たも》っている人であります。頑《がん》として尻《しり》が重いというような人の心は心の柔軟性を失った老人性硬化症《ろうじんせいこうかしょう》の人であります。心が老人性《ろうじんせい》に硬化《こうか》して来れば来るほど、今を忠実《ちゅうじつ》に生きていないから、次の日が心配《しんぱい》になる、死んでから先《さき》のことまで取越苦労《とりこしくろう》をするのが老人《ろうじん》に多いのは、老人になると隠居《いんきょ》などして「今」を完全《かんぜん》に生かさなくなるからであります。取越苦労《とりこしくろう》のない生活《せいかつ》を送《おく》る秘訣《ひけつ》は今思い立ったことをすぐ実行するにあります。

未来《みらい》の取越苦労《とりこしくろう》をしないことと、将来《しょうらい》の計画《けいかく》をするということとは別《べつ》であります。将来《しょうらい》の計画《けいかく》をしたらいかんといっておったならば、吾々《われわれ》の生活《せいかつ》は常《つね》に稲《いね》が熟《じゅく》してから籾摺機《もみすりき》を拵《こしら》え、厳寒《げんかん》がきてから綿入《わたいれ》を縫《ぬ》うというようなことをしなければならない。しかし、稲が出来《でき》るまでに稲扱機《いねこきき》や籾摺機《もみすりき》を用《よう》意《い》し、厳寒がくるまでにチャンと防寒具《ぼうかんぐ》をこしらえることは取越苦労《とりこしくろう》ではない。取越苦労《とりこしくろう》とは思《おも》い悩《なや》むことである。将来の計画を着々《ちゃくちゃく》進行《しんこう》せしめることは、何《なに》も心配憂慮《しんぱいゆうりょ》ではない。将来のために「今《いま》」それを実行《じっこう》したいという念《ねん》が内部《ないぶ》から起《おこ》って来たならば、それについてクヨクヨ考えていないで、今実行することが肝腎《かんじん》である。決《けっ》してこれは取越苦労《とりこしくろう》ではない。厳寒がくるのだけれども、あれを拵《こしら》えたいけれども、ちょっと忙《せわ》しいからちょっとのばしておこうかしら、どうしようかしら、などとくよくよ考えて優柔不断《ゆうじゅうふだん》に思《おも》い迷《まよ》っているのが取越苦労《とりこしくろう》である。将来のために実行しなければならぬとこう思ったらすぐ実行にとりかかる——実行すれば取越苦労《とりこしくろう》がなくなるのであります。それは準備《じゅんび》をするなということではありません。火災保険会社《かさいほけんがいしゃ》へ入《はい》

籾摺機　外皮に包まれた籾(もみ)米を玄米と籾殻とに分離する機械

綿入　防寒のため、表布と裏布との間に綿を入れて仕立てた衣服。ちゃんちゃんこ・羽織・ねんねこ・どてらなど

稲扱機　刈り取った稲の穂から、籾(もみ)をこきとるのに用いる農具。いねこき

優柔不断　あれこれと思い悩んで物事の決断が遅いこと

って安心《あんしん》していながら火災《かさい》に罹《かか》って保険金《ほけんきん》を貰《もら》って損《そん》をしない方法《ほうほう》もあれば、火災保険《かさいほけん》へ入《はい》らないでも、万一《まんいち》焼けはしないかと常《つね》に取越苦労《とりこしくろう》をしている生活《せいかつ》もあります。将来《しょうらい》の計画《けいかく》を行《おこな》うことが取越苦労《とりこしくろう》で、計画してはいけないという事《こと》になると、我々《われわれ》は何《なん》の仕事《しごと》も出来《でき》ない事になる。原稿《げんこう》を書くことでも、これは出版《しゅっぱん》の準備《じゅんび》であって、将来のための取越苦労《とりこしくろう》だからいけないということになると原稿は書けないことになります。取越苦労《とりこしくろう》をするなということは、この秋に或《あ》る本を出版したいと思えば、夏のうちから或《あるい》は大《だい》著述《ちょじゅつ》ならば数年《すうねん》も前《まえ》から原稿の準備を実行《じっこう》する――これは「今《いま》」必要《ひつよう》なことを今やるので別《べつ》にこれは取越苦労《とりこしくろう》をしているのではない。本を出版するという目的《もくてき》のために一歩《いっぽ》一歩「今」を実行しているので、かかる生活こそ生《せい》長《ちょう》の家《いえ》の「今」を生きる生き方なのであります。

咎《とが》める心を持つな

頭注版㉚二八三頁

○なんじら人《ひと》を審《さば》くな、審《さば》かれざらん為《ため》なり。己《おの》がさばく審判《さばき》にて己《おのれ》もさばかれ、己《おの》がはかる量《はかり》にて己《おのれ》も量《はか》らるべし。何《なに》ゆえ兄弟《きょうだい》の目にある塵《ちり》を見て、おのが目にある梁木《うつばり》を認《みと》めぬか。視《み》よ、おのが目に梁木《うつばり》のあるに、いかで兄弟にむかいて、汝《なんじ》の目より塵《ちり》をとり除《のぞ》かせよと言《い》い得《え》んや。偽善者《ぎぜんしゃ》よ、まず己《おの》が目より梁木《うつばり》をとりのぞけ、さらば明《あきら》かに見えて兄弟の目より塵《ちり》を取りのぞき得《え》ん。（「マタイ伝」第七章一〜五）

ここに「審《さば》くな」という誡《いまし》めが書いてあります。生長《せいちょう》の家《いえ》でもやはり人を審《さば》くことを嫌《きら》うというのは、実相《じっそう》の教《おし》え、和解《わかい》の教えだからであります。審《さば》くということは、現象《げんしょう》に捉《とら》われて、和解の心を失ってしまうことであり

梁木　柱と柱の上に渡して、棟(むね)の重みを受けて屋根を支える横木
いかで〜や　どうして〜できるだろうか。いや、できない

ます。生長《せいちょう》の家《いえ》では、「悪人《あくにん》」というものは神の創造《そうぞう》し給《たま》うた実在《ほんとにある》世界《せかい》にはないと申《もう》します。実在《じつざい》の世界に「悪人」がないとしますと、あの人《ひと》は悪い、この人は悪いということはないのであります。生長の家では「人間《にんげん》はみんな神の子」であるという。これは「人を審《さば》かぬ心」であります。「汝《なんじ》ら罪《つみ》人《びと》よ」と人を審《さば》いて公々然《こうこうぜん》と演説《えんぜつ》をするが如《ごと》きことは、キリストの弟子《でし》の所業《しょぎょう》とはいえないのであります。『法華経《ほけきょう》』にある常不軽菩薩《じょうふきょうぼさつ》はどんな人を見ても「皆《みん》な仏子《ぶっし》であって仏《ほとけ》になれる」と拝《おが》んで歩いたといいます。この常《じょう》不軽菩薩《ふきょうぼさつ》が釈迦《しゃか》の前身《ぜんしん》であります。だから人間を皆《みん》な神の子仏子《ぶっし》であるとして拝む生長の家の心はキリストの心であり、釈迦《しゃか》の心であります。悪人はない、罪人《つみびと》はない、これが生長の家の宗教的人類無罪宣言《しゅうきょうてきじんるいむざいせんげん》であります。宗教的の無罪宣言と、法律的《ほうりつてき》の無罪宣言とは別《べつ》であります。人《ひと》を審《さば》くなといっても、キリスト教《きょう》の者《もの》は裁判官《さいばんかん》になってはいけないというわけではないのであります。吾々《われわれ》が人を審《さば》く心になり、人の悪を見る癖《くせ》がついて来ますと、自然《しぜん》

公々然　おおっぴらであるさま

『法華経』　『妙法蓮華経』の略。大乗経典中最も高遠な教えが説かれているとされる

常不軽菩薩　『法華経』第二十「常不軽菩薩品」に出てくる菩薩。釈迦の前世の姿であったとされる。常に他を敬って軽んぜず、迫害に遭ってもひたすら礼拝した。本全集第二十巻「万教帰一篇」第二章等参照

前身　前世のときの身。この世に生まれ出る前の身

自分《じぶん》の表象《こころ》の世界《せかい》に悪が出てくるわけでありまして、これが「己《おの》がさばく審判《さばき》にて己《おのれ》も審《さば》かれ、己《おの》がはかる量《はかり》にて己《おのれ》も量《はか》らるべし」という事《こと》でありま す。他人《ひと》が悪い悪いと思って、他人《ひと》の悪い事に自分の心が引掛《ひっかか》って、心がいらいらしていると、自分自身《じぶんじしん》が審《さば》かれて、自分自身の表象《こころ》の世界に悪《あく》が描《えが》かれ更《さら》に形《かたち》の世界にそれが現《あらわ》れてその報《むく》いを受けることになるのであります。

肺病《はいびょう》になるような性質《たち》の人《ひと》はこのさばき心《ごころ》の鋭《するど》い人であります。これは己《おの》が審《さば》く審判《さばき》にて己《おのれ》も審《さば》かれたのであります。善人《ぜんにん》がよく肺病になるとあんな善《よ》い人があんな清《きよ》らかな正しい心の人がどうして肺病になるのか、神も仏《ほとけ》もないものじゃと思う人があります。ところが決《けっ》してそうではないのでありまして、その人は清らかな心とか或《あるい》は真心深《まことぶか》い性質《せいしつ》であるとか、そういうことでは、成程神様《なるほどかみさま》に近いような心を持っていられるかも知れませんけれども、自分の持つ標準《ひょうじゅん》が高い為《ため》に、その標準で自分を審《さば》けば自分が憂鬱《ゆううつ》になり内気《うちき》になり病気《びょうき》となる。更《さら》に人を審《さば》くと折角《せっかく》のこの善人もキリストの誡《いましめ》に

表象(ひょうしょう)
外面に現れた姿や形

逆《そむ》くということになります。開腹手術《かいふくしゅじゅつ》せねばならなかったり、注射《ちゅうしゃ》を濫用《らんよう》せねばならぬような病気《びょうき》にかかる人《ひと》がありますが、こういう人は大抵《たいてい》審《さば》く心の強い人であります。人をさばくという心は、言《い》い換《か》えれば人の心を剖《ひら》く、人の腹《はら》の中《なか》を解剖《かいぼう》する心であります。心のメスを振《ふる》って相手《あいて》の心の腹《はら》を開《ひら》いて汚《きたな》い所《ところ》を発見《はっけん》してとやかく言う。外《そと》から見たら完全人《かんぜんじん》に見えているが、ここにこういう出来《でき》ものが出来ている、ここにこういう悪い心があると、中《なか》を剖《き》り開《ひら》き暴《あば》きたてる心が人を審《さば》く心であります。

ところが形《かたち》の世界《せかい》は心の影《かげ》でありますから、人を心で剖《き》り開《ひら》く人は自分《じぶん》に起《おこ》った心の通《とお》りに自分自身形《じぶんじしんかたち》の世界で報《むく》いられる事《こと》になるのであります。ですから人を解剖し人の内部《ないぶ》を剖《き》り開《ひら》いて暴露《ばくろ》するような心を持っていると自分がそういう病気に罹《かか》り易《やす》いのであります。剖《き》り開《ひら》けば血が出るから、喀《かっ》血《けつ》、吐血《とけつ》などを伴《ともな》う病気になり易《やす》い。絶《た》えず人を咎《とが》めているような人は、自分の肉体《にくたい》が咎《とが》められる。肉体が咎《とが》められるというとどんな具合《ぐあい》であるかとい

濫用　みだりに用いること

喀血　肺や気管支が出血し、その血を咳とともに吐くこと

吐血　食道、胃、十二指腸の上部から出血した血液を嘔吐すること

うと、俗《ぞく》にお腹《なか》がトガメて痛《いた》いというのがそれです。往々《おうおう》持病《じびょう》の癪《しゃく》であるとか、神経痛《しんけいつう》で痛いとかいうのもこの咎《とが》めるのであります。言葉でも人《ひと》を咎《とが》める言葉を使う人があります。この人を咎《とが》めるのがやはり審《さば》くことであります。咎《とが》める心を持っているものは己《おのれ》も咎《とが》められる。斬《き》る心を持っている者《もの》は己《おのれ》も斬《き》られる。そしてあちこち痛いというような咎《とが》める病気《びょうき》に見舞《みま》われるのであります。その真理《しんり》が聖書《せいしょ》に「己《おの》が審《さば》く審判《さばき》にて己《おのれ》も審《さば》かれ、己《おの》がはかる量《はかり》にて己《おのれ》も量《はか》らるべし」とちゃんと書いてあるのであります。心で病気が起《おこ》り、心で病気が治《なお》るということは聖書にこのように明《あきら》かに書いてあるのでありますが、生長《せいちょう》の家《いえ》が、この真理を説《と》いたら邪教《じゃきょう》であると思うのは、現代《げんだい》の教会《きょうかい》キリスト教徒《きょうと》にこの聖書の真理が判《わか》って、合理的《ごうりてき》に心で病気が起《おこ》り治《なお》る理由《りゆう》を説明《せつめい》し得《え》ず、また二千年前《せんねんまえ》のキリストの如《ごと》く病気を治《なお》すことが出《で》来《き》ないために、己《おの》が成《な》し得《え》ざるところを他《ひと》が為《な》すから悪評《あくひょう》して邪教だと譏《そし》るのであります。現在《げんざい》のキリスト教徒《きょうと》自身《じしん》がこれを成《な》し得《え》たならば、二千年

癪 胸や腹が急に痙攣(けいれん)を起こして痛むこと。さしこみ

譏る けなす。悪口をいう

前のキリストの力《ちから》がここに復活《ふっかつ》したといって歓喜《かんき》し讃嘆《さんたん》するに相違《そうい》ないのであります。ここには「人《ひと》の目の中《なか》にある小さい塵《ちり》を見て『あなたここが汚《きたな》いぞ』というふうなことをいうが、そういうふうな心が汚《きたな》いのじゃ。人の目の中《なか》の小さな塵《ちり》を論《あげつら》う前《まえ》に、自分《じぶん》の目の中《なか》にはこの家《いえ》の梁木《はり》のような大きなごみが積《つ》んであるんじゃないか。そういう大きな埃《ごみ》があるのに、まだそれに気《き》が附《つ》かないで、あなたは他《ひと》のことを悪い悪いというが、あの人は悪い悪いという前に自分の心中《しんちゅう》にある梁《はり》のような大きなごみを取去《とりさ》って、はっきりと自分の実相《ほんとのすがた》を見るようになさい。そうしたら他《た》の人間《にんげん》の本当《ほんとう》の相《すがた》を見ることが出来《でき》るようになるのだ」とイエスはいわれたのであります。本当にこのイエスの訓《おしえ》は真理《しんり》でありまして、今迄《いままで》互《たがい》に貶《けな》し合《あ》い批評《ひひょう》し合《あ》い審《さば》き合《あ》って、「お前《まえ》が悪いお前が悪い」こういいあっておったその間《あいだ》は決《けっ》してその家庭《かてい》が良《よ》くならなかったのに、「皆《みな》悪いところはない神の子だ、皆《みん》な良人《おっと》も妻《つま》も子供《こども》も神の子 仏《ほとけ》の子であって、ただ悪く現《あらわ》れているのは、本来《ほんらい》アリもせ

論う　ささいなことなどを取り立てて大げさに言う

ぬ『悪い』と思ったその迷《まよい》が具象化《かたちにか》したのだ、申訳《もうしわけ》なかった」と気が付いたときに、家族全体《かぞくぜんたい》の神の子なる実相《じっそう》があらわれて調和《ちょうわ》してしまったような実例《じつれい》はたくさんあります。ですから「まず己《おの》が目より梁木《うつばり》即《すなわ》ち大きな迷《まよい》をとり除《のぞ》け、さらば明《あきら》かに見えて兄弟《きょうだい》の目より塵《ちり》を取りのぞき得《え》ん」ということになるのであります。先《ま》ず自分《じぶん》の心の目が清《きよ》まることが第《だい》一である。そして相手《あいて》の実相を見ることが出来《でき》るようになったときに、兄弟の方《ほう》の目の中《なか》の塵《ちり》も自然《しぜん》にとれてしまうのであります。

「人《ひと》を審《さば》くな」ということを、仕事《しごと》や事務《じむ》の方《ほう》へまで持って来《き》て、仕事の上《うえ》の注意《ちゅうい》などをしてあげますと、「先生《せんせい》は人を審《さば》くなといいながら自分が人を審《さば》いている」と非難攻撃《ひなんこうげき》する人がありますが、これは大変《たいへん》な間違《まちがい》であります。キリストは「人を審《さば》くな」とはいっていますが、「仕事を審《さば》くな」とは決《けっ》していっていないのであります。およそ仕事は科学的《かがくてき》になって来るに従《したが》い、分類《ぶんるい》と綜合《そうごう》との両者《りょうしゃ》が並《なら》び行《おこな》われるのであります。分類とは色々雑然《いろいろざつぜん》

具象化（ぐしょうか）形のないものが形になってあらわれること

としたところのものを切りわけて裁《さば》いて行《ゆ》く働《はたら》きであって、裁縫《さいほう》の「裁《さい》」に当《あた》るのであります。裁縫にも不要《ふよう》な巾《きれ》は裁《き》って捨《す》てなければならない。事務《じむ》の上《うえ》にも小さな無駄《むだ》でも切捨《きりす》てる必要《ひつよう》があります。事務上《じむじょう》の無駄や欠点《けってん》を除《のぞ》くように指摘《してき》したからといって、「先生《せんせい》は人《ひと》を審《さば》いた」というのは間違《まちがい》であります。教《おし》えの上《うえ》にも同じことでありまして、イエスも釈迦《しゃか》も異教徒《いきょうと》の教えの欠点を指摘してその欠点を廃除《はいじょ》して、裁縫の「裁《さい》」を行《おこな》い、更《さら》にそれを綜《そう》合統一《ごうとういつ》して裁縫の「縫《ほう》」を行い、かくの如《ごと》くして初《はじ》めて、イエスや釈迦《しゃか》の天《てん》衣無縫《いむほう》の教えというものが出来《でき》ているのであります。「審《さば》くな」ということは飽《あ》くまでも、「人を審《さば》くな」ということであって、「事務を審《さば》くな」ということではないことに注意《ちゅうい》しないと実際生活《じっさいせいかつ》が成立《なりた》たないことになり、あらゆる所《ところ》に「いゝものを審《さば》く人」のみを見出《みいだ》して、この世《よ》がいやになり、社会《しゃかい》がいやになり、団体《だんたい》がいやになって、生長《せいちょう》の家《いえ》は教えは好《よ》い教えだが、実際生活に行《おこな》えぬなどということになるのであります。

天衣無縫　天人の衣には縫い目がないことより、技巧のあとが見えず自然であって、完全無欠で美しいこと。また、そのさま

○聖《せい》なる物《もの》を犬に与《あた》うな。また真珠《しんじゅ》を豚《ぶた》の前《まえ》に投《な》ぐな。恐《おそ》くは足にて踏《ふ》みつけ、向《む》き反《かえ》りて汝《なんじ》らを噛《か》みやぶらん。（「マタイ伝」第七章六）

ここにイエスは弟子《でし》に対《たい》して、説教《せっきょう》の場合《ばあい》の注意《ちゅうい》を促《うなが》されたのであります。釈迦《しゃか》にせよ、キリストにせよ、相手相応《あいてそうおう》の対機説法《たいきせっぽう》ということをおやりになったのでありますから、その説教の場所《ばしょ》に集《あつま》っていた相手《あいて》がどういう人達《ひとたち》であるかということを知らなければ、その時釈迦《ときしゃか》なりキリストなりがいおうとせられた言葉の意味《いみ》が果《はた》して何《なに》を意味するかということが分《わか》らないのであります。小学校《しょうがっこう》の生徒《せいと》がいる時《とき》には小学校の生徒に分《わか》るように説《と》かなければならないのであります。「神は宇宙遍満《うちゅうへんまん》の霊《れい》」だなどといっても、小学生には理解出来《りかいでき》ないから、「神様《かみさま》はあなたが善《よ》いことをしたら賞《ほ》めて下《くだ》さり、悪いことをしたら罰《ばつ》を当てなさるから、出来るだけ善《よ》いことをするんですよ」というふうにも説《と》かなければならない。また大学《だいがく》の学生《がくせい》がいる処《ところ》では大学の学生がいるように哲学的《てつがくてき》にも説かなければならないのです。ですから小学校《しょうがっこう》の生徒のいる処《ところ》で大学の講義《こうぎ》をしたら、何《なん》じゃあの先生《せんせい》は分《わか》らんことをいう。あんな先生のいうことはちょっとも分《わか》らぬといって批難攻撃《ひなんこうげき》する。また大学生の前《まえ》で小学生に話すようなことを講義したら「あの先生のいうことは、まるで成《な》っておらん。お伽噺《とぎばなし》のような迷信《めいしん》を話すんだから」と批難攻撃する。これがイエスのいわれた「聖《せい》なる物《もの》を犬に与《あた》うな。また真珠《しんじゅ》を豚《ぶた》の前《まえ》に投《な》ぐな、恐《おそ》らくは足にて踏《ふ》みつけ、向《む》き反《かえ》りて汝《なんじ》らを噛《か》みやぶらん」という意味《いみ》であります。ですから、聖書《せいしょ》を読んでも、仏典《ぶってん》を読んでも、或《あるい》は『生命《せいめい》の實相《じっそう》』を読んでも、今《いま》、誰《たれ》に対《たい》して説いているかということを考えて、そしてその一言《げん》一句《く》を解釈《かいしゃく》しなければ本当《ほんとう》の意味は分《わか》らないのであります。しかしこの山上《さんじょう》の垂訓《すいくん》は割合《わりあい》に純粋《じゅんすい》に説いてあります。これはキリストが正覚《さとり》を開《ひら》いて、そのままその正覚《さとり》を第《だい》一番《ばん》に弟子《でし》だけにお説き

正覚（しょうがく）仏教で仏の真の悟りを指すが、ここではキリストの宗教的悟りを言う

になった説教《せっきょう》であるからであります。それは例《たと》えば仏教《ぶっきょう》で、釈迦《しゃか》が成道第《じょうどうだい》二七日目《にちめ》に『華厳経《けごんきょう》』をお説きになったのに似《に》ているのです。そこにいるのは唯弟子《ただでし》だけであって裏切者《うらぎりもの》などがいないから正直《しょうじき》に本音《ほんね》を吐《は》かれた。それだけ方便《ほうべん》の説法《せっぽう》がなくて純粋《じゅんすい》でキリスト教《きょう》の真髄《しんずい》がこの山上《さんじょう》の垂訓《すいくん》に現《あらわ》れていると見ることが出来《でき》るのであります。しかしまたこの部分《ぶぶん》は弟子を集めて説教なさった所《ところ》でありますから、弟子がよそへ往《い》って説教する場合《ばあい》の注意《ちゅうい》も述《の》べられたのであります――「弟子達《でしたち》よ、よそへ行って説教する場合にはこういう注意が要《い》るぞ」といわれたのであります。豚《ぶた》とか犬とかいわれたのは無理解《むりかい》な異邦人《いほうじん》の喩《たとえ》でありますが、当時《とうじ》のユダヤ人《じん》はユダヤ人のみを神の選民《せんみん》だと思っていて、他《た》の人種《じんしゅ》は皆穢《みなけが》れたものだと考えていたのであります。「汝《なんじ》らはイスラエルの清《きよ》き羊《ひつじ》のみに遣《つか》わされたのである。異邦人《いほうじん》のところへ行《ゆ》くな」といわれたこともあります。これなどもイエスの住んでいられた環境《かんきょう》、時代《じだい》ということを考えてみなければ、キリスト教というもの

成道　完全に悟ること。特に、釈尊が悟りを完成したこと

『華厳経』　『大方広仏華厳経』の略称。大乗仏教で最も重要な経典の一つ

選民　神に選ばれた民族。特にユダヤ民族が『旧約聖書』によって自らを指して言う語

はユダヤ人《じん》だけの宗教《しゅうきょう》で世界的《せかいてき》な宗教でないということになります。時代《じだい》を超《こ》えた真理《しんり》を知ろうとする者《もの》はすべての宗教の中《なか》から、その時代色《じだいしょく》というものを脱色《だっしょく》してその奥《おく》にある真理をつかまなければならないと共《とも》に、これを或《あ》る時代の人《ひと》に、或《あ》る境遇《きょうぐう》の人に伝える場合《ばあい》には、それに相応《そうおう》するような対機説法《たいきせっぽう》を用《もち》いて行《ゆ》かなくてはならないのであります。生長《せいちょう》の家《いえ》の会《かい》員《いん》でも人に教《おし》えをお説《と》きになる場合にはそんな心算《つもり》で説いて行《ゆ》かなければならないのです。ある時《とき》には、「病気本来《びょうきほんらい》なし」と哲学的実在論《てつがくてきじつざいろん》によって単《たん》刀直入《とうちょくにゅう》に病気の存在《そんざい》を否定《ひてい》する。また或《あ》る時には病気があるということを否定しないで「病気も好《よ》いじゃありませんか。痛《いた》いのは治《なお》る働《はたら》きですよ。その痛さに感謝《かんしゃ》なさいよ。」こういうこともある。これは悟《さとり》に導《みちび》くための方《ほう》便自在《べんじざい》なのです。或《あ》る時は又《また》、「あなたはお医者《いしゃ》さんに行《ゆ》きなさいよ」ということもある。色々《いろいろ》の相手《あいて》に従《したが》って色々に説《と》き方《かた》が変《かわ》って来るのです。或《あ》る一人《ひとり》にいったことを横合《よこあい》から観《み》て、それがいつも真理であると思っていると

単刀直入　一人で刀を持って敵に切り込む意より、前置きや遠回しな表現をせず、ただちに要点に入ること

横合　横の方。かたわら

間違《まちがい》なのです。真理《しんり》には絶対的真理《ぜったいてきしんり》と相対的真理《そうたいてきしんり》があります。相対的真理というのはその時《とき》の相手《あいて》にとって相応《そうおう》するように真理を薄《うす》めて説《と》く。「病気《びょうき》が無《な》い」というのは絶対的真理 即《すなわ》ち第《だい》一義諦《ぎたい》で、「病気は心の持方《もちかた》で生《しょう》ずる」というのは相対的真理であります。「心で病気が治《なお》る」というのも「薬《くすり》で病気が治《なお》る」というのも相対的真理であります。相対的真理というものは、対《あい》手《て》に従《したが》って効果《こうか》が変《かわ》って来るので、心でも薬でも病気が治《なお》らぬことがあるのもその理由《りゆう》によるのであります。医学上《いがくじょう》、医薬《いやく》で治《なお》す方法《ほうほう》のない病気に罹《かか》りながら、薬に対《たい》して執 著《しゅうじゃく》しているために、心が解脱《げだつ》し得《え》ないで憂鬱煩悶《ゆううつはんもん》している人《ひと》に「薬などで病気が治《なお》るか！」と一喝《いっかつ》すると、その時《とき》その人の心の迷《まよい》がとれて本来清 浄《ほんらいしょうじょう》の自分《じぶん》の生命《せいめい》を悟《さと》り、病気が治《なお》る場合《ばあい》がある。その場合それを傍《かたわら》から聞いていて、「あの人は薬の効果《こうか》を否定《ひてい》した、医療妨《いりょうぼう》害《がい》である」などと考えると間違《まちがい》であります。初《はじ》めから医療《いりょう》の道《みち》がない病人《びょうにん》に、その心を解脱《げだつ》さす為《ため》に一喝《いっかつ》を用《もち》いたので、これを方便的真理《ほうべんてきしんり》というので

煩悶　いろいろと考え悩むこと

清浄　清らかでけがれのないこと

あります。人《ひと》の説教《せっきょう》を聴《き》く場合《ばあい》には、その説教師《せっきょうし》は誰《たれ》に話をしているか、彼《かれ》に説《と》く場合にはどういう気持《きもち》で話をしているかという事《こと》が分《わか》って聴かなければ本当《ほんとう》の真理《しんり》というものは分《わか》らないのです。ですから多勢《おおぜい》集《あつま》った大衆《たいしゅう》を相手《あいて》に講演《こうえん》しているような場合には、一番《ばん》その中《なか》の大多数《だいたすう》の人を相手に私などは話すのであります。その時《とき》、話の程度《ていど》よりも高い人がいると、「何《なん》だ、あんなつまらぬことを話している」と思う人もあるでしょう。もっと低い人がいると、「中々《なかなか》むつかしくて僕《ぼく》には解《わか》らない」といわれるでしょう。だから説教の上手《じょうず》な聴《き》き方《かた》というものは、これは絶対真理《ぜったいしんり》、これは対機説法《たいきせっぽう》であるという区別《くべつ》を知って、時代《じだい》、環境《かんきょう》、聴者《ちょうしゃ》という篩《スクリーン》網の奥《おく》にある絶対真理を掴《つか》むようにしなければならないのであります。

〇求めよ、然《さ》らば与えられん。尋《たず》ねよ、さらば見出《みいだ》さん。門を叩《たた》け、さらば開《ひら》かれん。すべて求むる者《もの》は得《え》、たずぬる者は見いだし、門をたたく者《もの》は開《ひら》かるるなり。汝《なんじ》らのうち、誰《たれ》かその子パンを求めんに石を与え、魚《うお》を求めんに蛇《へび》を与えんや。然《さ》らば汝《なんじ》ら悪《あ》しき者ながら、善《よ》き賜物《たまもの》をその子らに与うるを知る。まして天《てん》に在《いま》す汝《なんじ》らの父は、求むる者に善《よ》き物《もの》を賜《たま》わざらんや。然《さ》らばすべて人《ひと》に為《せ》られんと思うことは、人にも亦《また》その如《ごと》くせよ。これは律法《おきて》なり、預言者《よげんしゃ》なり。

（「マタイ伝」第七章七〜一二）

賜わざらんや　下さらないことがあろうか、いや、きっと下さる

ここにも対機説法《たいきせっぽう》でいっておられる言葉がまじっていることが見出《みいだ》されるのであります。例《たと》えば「汝《なんじ》ら悪《あ》しき者ながら、善《よ》き賜物《たまもの》をその子らに与うるを知る」と、こういっておられます。「汝ら悪《あ》しき者ながら。——お前達《まえたち》まだ悪い人間《にんげん》だけれども、それでも子がパンをくれといったら、その子に石をやるか。お前みたいに、神よりは余程劣《よほどおと》れる人間でさえもこの通《とお》りである」といわれた。このイエスの言葉の「汝《なんじ》ら悪《あ》しき者ながら」というのを正面《しょうめん》

から解釈《かいしゃく》して「弟子《でし》は皆悪人《みなあくにん》である」とか、「人間《にんげん》は悪人である」とか、イエスは思っていられたのだと考えると間違《まちがい》であります。それは説教《せっきょう》される相手《あいて》をそのまま受取《うけと》って、「お前《まえ》たちは、自分《じぶん》はまだ神に近づけないような悪い者《もの》だと思っているが、そういう悪い者でさえも……」とこういっておられるのです。相手が自分を善《よ》い者だと思っている場合《ばあい》には、「お前たち善人《ぜんにん》は……」といわれたに違《ちが》いないのであります。即《すなわ》ち相手に随《したが》った如来随宜《にょらいずいぎ》の説法《せっぽう》というものであって、これを絶対的真理《ぜったいてきしんり》だと思うといけないのでありま す。その次の「尋《たず》ねよ、さらば見出《みいだ》さん。門を叩《たた》け、さらば開《ひら》かれん。すべて求むる者は得《え》、たずぬる者は見《み》いだし、門を叩《たた》く者は開《ひら》かるるなり」という言葉は大変《たいへん》私の好《す》きな言葉でありまして、まだ私が生長《せいちょう》の家《いえ》の真理《しんり》を発見《はっけん》する以前《いぜん》にこの一節《せつ》を始終《しじゅう》電車《でんしゃ》に乗っても、汽車《きしゃ》に乗っても心のうちで念《ねん》じて我《わ》が願うことは成就《じょうじゅ》し、吾《わ》が叩《たた》く門は成就するという信念《しんねん》を深めるように努《つと》めていた時代《じだい》があるのであります。そうするととうとうこの生長の

随宜の説法 教えを受ける相手に従って適宜仏法を説くこと

家の門が開《ひら》かれて、わが願《ねが》いは成就《じょうじゅ》したのであります。ですから皆《みな》さんもどうぞ、これに倣《なら》って神は人間《にんげん》をその愛子《あいじ》としてそれになくてならないものは既《すで》に与《あた》え給《たま》うているのだという信念《しんねん》を篤《あつ》くし、実相《ほんとのすがた》に於《お》ては既《すで》に与えられているところのものを現象界《げんしょうかい》に於《お》てもお受取《うけと》りになるようにお願いしたいのであります。

私は唯今《ただいま》、実相《ほんとのすがた》に於《お》ては既《すで》に与えられていると申《もう》しました。現在《げんざい》この肉眼《にくがん》で見る世界《せかい》は存在《もの》の実相《ほんとのすがた》ではないのであります。肉眼で見える世界は五官《ごかん》というスクリーンを通《とお》して存在《もの》の実相《ほんとのすがた》から、五官という不透明膜《ふとうめいまく》で濾過《ろか》した残りのホンの粕《かす》だけを見ているのであります。本当《ほんとう》は既《すで》に吾々《われわれ》は吾々《われわれ》に必要《ひつよう》なる一切《いっさい》のものは与えられ既《すで》に福徳円満《ふくとくえんまん》なのであります。こう申《もう》して上《あ》げましても、やはり私は貧乏《びんぼう》だし、身体《からだ》も健康《けんこう》ではなしと思う人《ひと》があるでしょう。そういう人は実相《じっそう》を見ないで現象《げんしょう》を見ているのであります。そういう貧《まず》しい心境《しんきょう》にいる人は——私もかつてそういう心境にいたのであ

福徳円満　財産や幸福が欠けるところなく備わっていること

りますが、そういう時代《じだい》には、このイエスの言葉が非常《ひじょう》に力《ちから》になるのでありま す。現象《げんしょう》のこの見窄《みすぼ》らしい姿《すがた》を見ると、どうしても初《はじ》めから既《すで》に与えられている自分《じぶん》であるという自覚《じかく》を持つにはあまりに間隔《へだたり》があるのです。そういう心境《しんきょう》のときには、今《いま》はまだ現《げん》に与えられていないけれども、「求めさえすれば与えられるのだ、尋《たず》ねさえしたら見出《みいだ》すのだ。叩《たた》きさえすれば門は開《ひら》かれるのだ。すべて求むるものは得《え》、たずねる者《もの》は見出《みいだ》し、門を叩《たた》く者は開かれる。誰《たれ》かその子パンを求めんに石を与え、魚《うお》を求めんに蛇《へび》を与えんや。況《いわ》んや神は吾《わ》が求むる物《もの》を与《あた》え給《たま》う」と心の中《なか》で繰返《くりかえ》し繰返《くりかえ》し念《ねん》じているうちに、ただ求めさえすれば与えられる、引金《ひきがね》を引きさえすれば火薬《かやく》に内在《ないざい》する力《ちから》が発現《はつげん》するように、頼《たの》む——オーライ！　とただ一言《ひとこと》で答えてくれそうなほど、神と自分との存在《そんざい》が接近《せっきん》した心境《しんきょう》になって来るものであります。その神と自己《じこ》との接近の感《かん》じの瞬間《しゅんかん》に自分の欲《ほっ》するものを念《ねん》じて、神は父であるから必《かなら》ず吾《わ》が欲《ほっ》するものを与《あた》え給《たま》う。否《いな》、既《すで》に与《あた》え給《たま》うたのだ、それがここに既《すで》にあるのだ！ と思う。その時《とき》その求められたものを既《すで》に得《え》たという感《かん》じが起《おこ》ってくるのです。ああ吾《わ》が求むるものは既《すで》に与えられたのだ、ああ有難《ありがた》い！ というふうな心になって静《しず》かに大生命《だいせいめい》に打《う》ち委《まか》せた気持《きもち》になっていると、やがて誰《たれ》かの手を通《とお》して現実界《げんじつかい》にそれが与えられて来るのであります。しかし、求むるものを得《う》るには、それに相応《ふさわ》しい心の窓《まど》を開《ひら》かなければなりません。与えられるには「与える」波長《はちょう》を自分《じぶん》の心に起《おこ》さなければなりません。心が寛容《かんよう》でないものは多くの物《もの》を与えられるわけには行《ゆ》かない。心が人に深切《しんせつ》でないものは人から深切《しんせつ》を受けることは出来《でき》ない。ですから「然《さ》らば凡《すべ》て人《ひと》に為《せ》られんと思うことは、人にも亦《また》その如《ごと》くせよ」といわれたのであります。

○狭《せま》き門より入《い》れ、滅《ほろび》にいたる門は大きく、その路《みち》は広く、之《これ》より入《い》る者《もの》おおし。生命《いのち》にいたる門は狭《せま》く、その路《みち》は細く、之《これ》を見出《みいだ》す者少《すく》なし。

寛容 心が広く、他人のあやまちを許すこと

（「マタイ伝」第七章一三〜一四）

狭《せま》き門より入《い》るということを今迄《いままで》のキリスト教信者《きょうしんじゃ》は往々《おうおう》にして窮屈《きゅうくつ》な苦しい門から入《はい》るというように解釈《かいしゃく》していたようであります。ところが、生長《せいちょう》の家《いえ》では全然別《ぜんぜんべつ》の見解《けんかい》をもって解釈したのであります。生長の家では「狭き門より入《い》れ」というのは、「総《すべ》ての重荷《おもに》を下《お》ろして入《はい》れ」ということだと解釈するのであります。我々《われわれ》があまり大きい重荷を背負《せお》っていると、どうしても狭い門から這入《はい》ることが出来《でき》ない。すべて重荷をすっかり下《おろ》してしまったときに狭い門から這入《はい》ることが出来るのであります。だから「生命《いのち》に到《いた》る門は狭い」のです。ところが滅《ほろ》びに到る門は広くして重荷を背負《せお》ったまま自由《じゆう》に入《はい》れますから、色々《いろいろ》の持物《もちもの》重荷を持って入《はい》るのです。その持物《もちもの》重荷のなかには、さまざまの人間苦《にんげんく》、悩《なや》み、苦しみ、取越苦労《とりこしくろう》もあれば、人間《にんげん》の間違《まちが》った知恵《ちえ》、計《はか》らい、我執《がしゅう》、我見《がけん》というようなものもある。そういうもの

我見　自分一人の狭い考え。かたよった意見。主観

を背負《せお》って入《はい》ったのでは本当《ほんとう》に「生命《いのち》の門」に入《い》ることは出来《でき》ないのであります。ですから、イエスは一切《いっさい》の持物《もちもの》、重荷を卸《おろ》してただ素裸《すっぱだか》になって神に縋《すが》るために「狭《せま》き門より入《い》れ」とこういっていられるのであります。

○偽預言者《にせよげんしゃ》に心せよ、羊《ひつじ》の扮装《よそおい》して来《きた》れども、内《うち》は奪《うば》い掠《かす》む豺狼《おおかみ》なり。その果《み》によりて彼《かれ》らを知るべし。茨《いばら》より葡萄《ぶどう》を、薊《あざみ》より無花果《いちじく》をとる者《もの》あらんや。斯《か》く、すべて善《よ》き樹《き》は善《よ》き果《み》をむすび、悪《あ》しき樹《き》は悪しき果《み》をむすぶ。善《よ》き樹《き》は悪《あ》しき果《み》を結ぶこと能《あた》わず、悪《あ》しき樹《き》はよき果《み》を結ぶこと能《あた》わず。すべて善《よ》き果《み》を結ばぬ樹《き》は、伐《き》られて火に投入《なげい》れらる。然《さ》らば、その果《み》によりて彼らを知るべし。

（「マタイ伝」第七章一五〜一九）

「偽預言者《にせよげんしゃ》に心せよ」とありますが、ここにいう預言者《よげんしゃ》とは、何月何日《なんがつなんにち》はどんな事件《じけん》が起《おこ》るとか、そういう預言《よげん》をする人《ひと》のことではありません。神を指《さ》し示《しめ》す者《もの》が預言者であって宗教《しゅうきょう》の先生《せんせい》みたいな人たちを総称《そうしょう》していったのであります。どういう者《もの》が偽預言者《にせよげんしゃ》であるかというとイエスはその特徴《とくちょう》を述《の》べられて「羊《ひつじ》の扮装《よそおい》して来《きた》れども、内《うち》は奪《うば》い掠《かす》むる豺狼《おおかみ》なり」といっておられます。羊のようにやさしい姿《すがた》をして、救《すく》ってあげようと近附《ちかづ》いて来ますけれども、やがて因縁果《いんねんはた》すためには金《かね》を本山《ほんざん》へ納《おさ》めねばならぬとか、救われるには献金《けんきん》せねばならぬとかいって自分《じぶん》の我利《がり》私欲《しよく》を満《みた》すというような宗教の先生が偽預言者《にせよげんしゃ》なのであります。では、如何《いか》にしてニセ物《もの》と本物《ほんもの》とを区別《くべつ》したらいいかという区別の仕方《しかた》をイエスはここに説《と》いておられるのでありま す。どんな教《おし》えでも表面《ひょうめん》から見ると大抵《たいてい》良《よ》い教えであります。誰《たれ》だって悪いような教えなら始《はじ》めから入《はい》って来ないでしょうから問題《もんだい》にはならないのです。問題になるのは、表面、羊のように優《やさ》しい馴々《なれなれ》しい形《かたち》で甘言《かんげん》を以《もっ》て迫《せま》ってくるのですけれども、その甘《あま》いような教えを実行《じっこう》してどうなるか、その教

甘言　相手の気に入りそうな、口先だけのうまい言葉

えの結果《けっか》によって良《よ》い教《おし》えか悪い教えか区別《くべつ》しなさい、こういっておられるのであります。

「すべて善《よ》き樹《き》は善《よ》き果《み》をむすび、悪《あ》しき樹《き》は悪《あ》しき果《み》を結ぶ。善《よ》き樹《き》は悪《あ》しき果《み》を結ぶこと能《あた》わず。悪《あ》しき樹《き》は、よき果《み》を結ぶこと能《あた》わず。すべて善《よ》き果《み》を結ばぬ樹《き》は、伐《き》られて火に投入《なげい》れらる。然《さ》らば、その果《み》によりて彼《かれ》らを知るべし。」こう書いてあります。最初《さいしょ》は羊《ひつじ》のような優《やさ》しいことをいってくるけれども、段々深入《だんだんふかい》りすると、金《かね》を出せという。少し位金《ぐらいかね》を出すと、それ位《ぐらい》では足らぬ、家《いえ》も土地《とち》も皆売払《みなうりはら》って持って来なければお前達《まえたち》の因縁《いんねん》は切れないのだ、病気《びょうき》が癒《なお》りたければ、あるだけの財産《ざいさん》を持って来なさいというように教える宗教《しゅうきょう》の先生《せんせい》もある。その結果《けっか》、その信者《しんじゃ》は貧乏《びんぼう》になる。「果実《かじつ》を見てその樹《き》の良否《りょうひ》を知れ」とキリストはいっていられるのです。もし財産というものが罪《つみ》の塊《かたまり》であるとするならばその罪の塊《かたまり》をどこかの宗教の本部《ほんぶ》へ持って行《い》ったならば、その本部は罪の塊《かたまり》で瀆《けが》されてしまうのです。一燈園《いっとうえん》は鹿ヶ谷《ししがたに》にあった元《もと》の一燈園《いっとうえん》の建物《たてもの》を建てる時《とき》、折角寄附《せっかくきふ》された屋根瓦《やねがわら》を、寄附者《きふしゃ》の心が浄《きよ》まっていないから受けることは出来《でき》ぬといって拒《きょ》絶《ぜつ》され、建物に瓦《かわら》を葺《ふ》かないで、しばらくそのまま放置《ほうち》してあったと申《もう》します。宗教《しゅうきょう》が寄附を受けるのはその位《くらい》の権威《けんい》がなければならない。それを金《かね》を出さないと罰《ばつ》が当《あた》る、因縁《いんねん》が切れぬなどと説教強盗式《せっきょうごうとうしき》に掻《か》き集《あつ》めた金《かね》を本《ほん》山《ざん》へ持って行《い》ったなら、そんな汚《けが》れた金《かね》と神様《かみさま》の浄《きよ》らかな波長《はちょう》とは合わぬから神様は逃《に》げ出《だ》してしまって、その本山には神様はいないということになるでしょう。キリストは神の境内《けいだい》を商売《あきない》の家《いえ》とするなといって商人《しょうにん》を縄《なわ》の鞭《むち》で追い出された。宗教が金《かね》の寄附を受けるならば、「罪《つみ》の赦《ゆる》し」と交換条件《こうかんじょうけん》式《しき》に金《かね》を催促《さいそく》するなどは神の境内《けいだい》を「商売《あきない》の家《いえ》」にしたわけであります。金《かね》や富《とみ》は本来清《ほんらいきよ》らかも、汚《きたな》いもないのであります。扱《あつか》う人《ひと》の心、献《ささ》げる人の心、受ける人の心で清くもなり、汚くもなります。説教強盗式に威嚇《いかく》されて、罪を赦《ゆる》してもらうための神への賄賂《わいろ》のようにして献納《けんのう》した金《かね》なら、献金《けんきん》

鹿ヶ谷　京都市左京区の地名。西田天香が一燈園を創始した地

説教強盗　大正末期から昭和四年の逮捕まで、被害者に防犯についての説教をしながら強盗をはたらいた妻木松吉。新聞社が説教強盗と名付けた。著書に『深淵にあえぐ―説教強盗自伝』等がある

威嚇　威力を相手に示しておどすこと

献納　金品をすすんで納めること。奉納

は献金《けんきん》でも、それは汚《けが》れた金《かね》であります。ところが、たとい娼婦《しょうふ》をして稼《かせ》いで貯《た》めた金《かね》であっても、自分《じぶん》は魂《たましい》が救《すく》われた、自分と同じように悩《なや》んでいる人《ひと》が救われるための入費《にゅうひ》にこれを使って下《くだ》さいと、献金する場合《ばあい》は、その金《かね》は浄《きよ》まっているのであります。だから、神罰《しんばつ》を以《もっ》て一方《いっぽう》から威嚇《いかく》しながら献金を強要《きょうよう》するのは、それは宗教《しゅうきょう》の先生《せんせい》であっても「羊《ひつじ》の扮装《よそおい》をして来た豺狼《おおかみ》」なのであります。だから結果《けっか》によってその樹《き》の善《よ》し悪《あ》しを判別《はんべつ》しなければならないのであります。それでは生長《せいちょう》の家《いえ》はどんな果《み》を結んでいるか。「神罰本来《しんばつほんらい》なし」と説《と》き、「悪因縁本来《あくいんねん》なし」と説《と》いているから、神様《かみさま》や因《いん》縁《ねん》で威嚇《いかく》して献金させることが出来《でき》ないように本来なっている。病気《びょうき》が素晴《すば》しく治《なお》っても、「病気は本来無いのであって、治《なお》ったのはこちらが治《なお》したのではない、あなた自身《じしん》が本を読んで真理《しんり》を悟《さと》って病気が勝手《かって》に消えたのだ」と説きますから、病気の治療代《ちりょうだい》として金《かね》の取りようがない。それで「生長の家はよくよく金《かね》のとれぬように出来ている」といって感心《かんしん》した人がありま

娼婦　金銭で身を売る女性。売春婦。なお、著者は立教前に一燈園を訪ねての修行中に、上記の問題について同行者と問答した。本全集第三十二巻「自伝篇」中巻七二頁参照
入費　物事を行うのにかかる費用。かかり

すが、本当《ほんとう》に金《かね》のとれぬように出来《でき》ているので、お金《かね》をお出しになるのは頁《ページ》数《すう》から見ても内容装幀《ないようそうてい》から見ても市価同等《しかどうとう》の真理《しんり》の書籍代《しょせきだい》だけで、向《むこ》うから進んで献金《けんきん》なさるものがあれば、それはよくよく救《すく》われた感謝《かんしゃ》の果《はて》にみずから進んで、他《た》の人も同じように光明化《こうみょうか》されるために使って下《くだ》さいという本《ほん》当《とう》の喜捨献金《きしゃけんきん》なのであります。

先日《せんじつ》、こんな奥《おく》さんがありました。「自分《じぶん》の家《いえ》では今迄《いままで》月に百七十円医者《いしゃ》に払《はら》っておりましたところが、『主婦之友《しゅふのとも》』の記事《きじ》で知らされて生長《せいちょう》の家《いえ》の家族《かぞく》となりましてから一文《もん》も医療費《いりょうひ》が要《い》らなくなりました。」こういわれる。これに似《に》た人《ひと》がたくさんある。金額《きんがく》は百七十円に限《かぎ》らないけれども、二百円の人もあり、或《あるい》は十円位《ぐらい》の人も、三円位の人もあるけれども、そいつを平均《へいきん》してみると或《あるい》は一家《いっか》の医療費の節約《せつやく》が平均月に十円位にはなるかも知れません。生長の家ではその家族にこんなに利益《りえき》を与えている。それだけ生長の家は家族諸君《かぞくしょくん》に「金《かね》の生《な》る樹《き》」を一本ずつ与えたわけであります。

装幀　製本の仕上げとして、書物の表紙、見返し、扉、カバーなどの体裁を整えること。また、その意匠

市価　商品が市場で売買される価格

喜捨　喜んで寺社に寄付したり、他人に施したりすること

百七十円　現在の約三十万～五十万円に相当する

生長の家の家族　生長の家の教えを信奉する信徒を親愛を込めて言った言葉

二百円　現在の約四十万円～六十万円に相当する

十円　現在の約二万円～三万円に相当する

三円　現在の約六千円～九千円に相当する

（これは昭和十一年の貨幣価値《かへいかち》で講話《こうわ》されたものです。）

およそ経済《けいざい》の循環《じゅんかん》というものは、求める。求めて得《う》る。得《え》たものを他《た》に廻《まわ》す。この三《みっ》つが完全《かんぜん》に循環したときに、無限供給《むげんきょうきゅう》ということが成立《なりた》つのです。『生長《せいちょう》の家《いえ》』の誌友《しゆう》になって以来経済上《いらいけいざいじょう》の都合《つごう》がよくなり病人《びょうにん》が絶《た》え、薬代《くすりだい》が激減《げきげん》しながら、この激減したのを好《よ》い幸《さいわ》いに私欲《しよく》だけを満足《まんぞく》してこれを公《おおや》けのことに出さないような人《ひと》が、本当《ほんとう》に悟《さと》りが開《ひら》けたといえるでしょうか。私はそういう収入《しゅうにゅう》を悉《ことごと》く公共《こうきょう》の費用《ひよう》に献金《けんきん》するよう皆《みな》さまに御励《おすす》めしたいのであります。経済は循環ですから、かくすることによって一《いっ》層皆様《そうみなさま》の収入が、どこからか殖《ふ》えて来《く》るに違《ちが》いありません。

ここに例《たと》えば、植物《しょくぶつ》があって、それが成育《せいいく》する状態《じょうたい》を見ましても、動物《どうぶつ》が酸素《さんそ》を吸収《きゅうしゅう》して炭酸《たんさん》ガスを体外《たいがい》に排泄《はいせつ》すると、植物は、この炭酸ガスを吸収して酸素を排泄する。それをまた動物が酸素を吸収して炭酸ガスにして出してくれる。それをまた植物が吸収するというふうに循環させて行《ゆ》きます

かくする　このようにする

と、植物《しょくぶつ》の方《ほう》も動物《どうぶつ》の方《ほう》も、ただ循環《じゅんかん》させるだけで、それだけでお互《たがい》が生《せい》長《ちょう》するのであります。我々《われわれ》の肉体《にくたい》でも同じ事《こと》で、入《い》れるばかりで、腹《はら》の中《なか》へ溜《た》めてばかり置いたら生長するかと思うとそうではない。十日《とおか》も二十日《はつか》も便《べん》秘《ぴ》していれば、却《かえ》ってその人《ひと》は生理的《せいりてき》に故障《こしょう》を起《おこ》して来て不健康《ふけんこう》になるのであります。健康《けんこう》とは入《い》れると出すとの調和《ちょうわ》した姿《すがた》であります。この二《ふた》つが調和のとれたところに経済《けいざい》も健康になるのであります。生長《せいちょう》の家《いえ》では特《とく》に今《いま》迄《まで》の概《おお》くの宗教《しゅうきょう》のやり方《かた》が取込《とりこ》み主義《しゅぎ》一点張《てんば》りでありましたので、そういう欠点《けってん》を是正《ぜせい》したいという意識的《いしきてき》努力《どりょく》があったために、どっちかというと、本部《ほんぶ》よりも信者《しんじゃ》の方《ほう》が取込《とりこ》み主義《しゅぎ》になっていたように思われる点《てん》があるのであります。例《たと》えば、先日《せんじつ》もこんな人があった。『生長の家』誌《し》を読んで病気《びょうき》が治《なお》ったから、もう生長の家を止《や》めるといわれるのです。お蔭《かげ》を受ける毎《ごと》に謝恩《しゃおん》どころか、生長の家を止《や》めるといわれるようでは、お蔭《かげ》を受けてもらう毎《ごと》に吾々《われわれ》は同志《どうし》を失うということになる。これでも生長の家は神罰《しんばつ》をダシに

取込み主義　自分の利益ばかりを得ようとする傾向

謝恩　受けた恩に対する感謝の気持ちを表すこと

して寄附献金《きふけんきん》を勧誘《かんゆう》したりしないのであります。

第四十八巻索引

＊頻度の多い項目は、その項目を定義、説明している箇所を主に抽出した。
＊関連する項目は→で参照を促した。
＊一つの項目に複数の索引項目がある場合は、一部例外を除き、一つの項目にのみ頁数を入れ、他の項目には→のみを入れ、矢印で示された項目で頁数を確認できるよう促した。（例　「愛の光」「感謝の祈り」等）

〔う〕

〔え〕

〔お〕

〔か〕

〔こ〕

〔そ〕

〔た〕

〔ち〕

〔つ〕

〔ね〕

〔の〕

〔は〕

〔ひ〕

〔ふ〕

〔み〕

〔む〕

〔め〕

〔も〕

〔や〕

〔ゆ〕

〔よ〕

〔ら〕

〔り〕

箴言・真理の言葉

新編《しんぺん》 生命《せいめい》の實相《じっそう》 第四十八巻 聖典講義篇《せいてんこうぎへん》

山上《さんじょう》の垂訓《すいくん》の示《しめ》す真理《しんり》

令和三年十月二十五日 初版発行

著 者 谷口雅春《たにぐちまさはる》

責任編集 公益財団法人 生長の家社会事業団
谷口雅春著作編纂委員会

発行者 白水春人

発行所 株式会社 光明思想社
〒一〇三―〇〇〇四
東京都中央区東日本橋二―二七―九 初音森ビル10F
電話〇三―五八二九―六五八一
郵便振替〇〇一二〇―六―五〇三〇二八

装幀 松本 桂
本文組版 ショービ
印刷・製本 凸版印刷
カバー・扉彫刻 服部仁郎作「神像」©Iwao Hattori,1954

ISBN978-4-86700-019-9

光明思想社の本

谷口雅春著

新編 生命の實相

責任編集 公益財団法人生長の家社会事業団 谷口雅春著作編纂委員会

数限りない人々を救い続けてきた
〝永遠のベストセラー〟!

第一巻 総説篇 七つの光明宣言
光明篇 生命に到る道
第二巻 実相篇 光明の真理(上)
第三巻 実相篇 光明の真理(中)
第四巻 実相篇 光明の真理(下)
第五巻 生命篇 生命円相の真理(上)
第六巻 生命篇 生命円相の真理(中)
第七巻 生命篇 生命円相の真理(下)
第八巻 聖霊篇 燃えさかる聖霊の火(上)
第九巻 聖霊篇 燃えさかる聖霊の火(中)
第十巻 聖霊篇 燃えさかる聖霊の火(下)
第十一巻 実証篇 生長の家の奇蹟について
精神分析篇 精神分析による心の研究
第十二巻 生活篇 「生長の家」の生き方(上)
第十三巻 生活篇 「生長の家」の生き方(下)
第十四巻 観行篇 神想観実修本義(上)
第十五巻 観行篇 神想観実修本義(下)
第十六巻 霊界篇 霊界と死後の生活(上)
第十七巻 霊界篇 霊界と死後の生活(中)
第十八巻 霊界篇 霊界と死後の生活(下)
第十九巻 万教帰一篇 真理の扉を開く(上)
第二十巻 万教帰一篇 真理の扉を開く(中)
第二十一巻 万教帰一篇 真理の扉を開く(下)
第二十二巻 教育篇 「生長の家」の児童教育法
第二十三巻 倫理篇 永遠価値の生活学(上)

定価各巻 1,676円(本体1,524 円+税10%)

定価は令和三年十月一日現在のものです。品切れの際はご容赦ください。
小社ホームページ http://www.komyoushisousha.co.jp/